拥有一个你爱3爱你的人吧

武志红

贰阅 | 阅爱·阅美好
ERYUE

让阅读走心
让阅历丰盛

贰阅 | 阅爱·阅美好
ERYUE

让阅读走心

让阅历丰盛

中国式的情与爱

把爱活出来

武志红 青音 / 著

北京联合出版公司
Beijing United Publishing Co.,Ltd.

图书在版编目（CIP）数据

中国式的情与爱 / 武志红，青音著. --北京：北京联合出版公司，2017.6
　ISBN 978-7-5502-9321-2

　Ⅰ.①中… Ⅱ.①武… ②青… Ⅲ.①婚姻—家庭关系—研究—中国 Ⅳ.①D669.1

中国版本图书馆CIP数据核字(2016)第302891号

中国式的情与爱

作　　者：武志红　青　音
选题策划：北京时代光华图书有限公司
责任编辑：徐　鹏
特约编辑：李燕子
封面设计：沐希设计
版式设计：冉冉设计工作室

北京联合出版公司出版
（北京市西城区德外大街83号楼9层　100088）
北京雁林吉兆印刷有限公司印刷　新华书店经销
字数168千字　787毫米×1092毫米　1/16　13.25印张
2017年6月第1版　2017年6月第1次印刷
ISBN 978-7-5502-9321-2
定价：48.00元

未经许可，不得以任何方式复制或抄袭本书之部分或全部内容
版权所有，侵权必究
本书若有质量问题，请与本公司图书销售中心联系调换。电话：010-82894445

你对感情的信心，就是对整个世界的信心 | 序

一直以来让我纳闷的一件事情是，我这辈子就只有一次相亲。

那是报社的一位同事，将他妻子最好的朋友介绍给我，我们彼此有好感，但我处在情绪非常低落的状态，后来没发展起来。

本来觉得这没什么，但逐渐发现，身边的朋友在适婚年龄时，多有一大把相亲的机会，或家人介绍，或好友介绍，或同事张罗。

后来想，也许是因为一个报应吧。还是在初中时，在老家村子里，就已经有三个媒人上来张罗相亲。我妈妈问我的意见，我都拒绝了，说以后都拒绝吧，因为我隐隐觉得，这不是我该有的婚姻的样子，我希望，我的婚姻，能有我看的小说中那种爱情的感觉。

虽只是农民子弟，但我把能找到的书全看了，初中时还开始自己花钱买小说什么的，所以对书中描绘的爱情很有期待，而对村里那种盖房子、娶媳妇、生孩子，再盖房子、娶媳妇、生孩子的简单循环，实在是有强烈的抵触。

看来是，既然你把相亲给拒绝得这么干脆，以后就再也不给你相亲机会了。

写文章时，我经常使用"中国式××"这样的说法，这让很多读者反感，有一些喜欢我文章的读者说，我能不能不用这样的词汇，不然他们实在是有抵触。

但没办法，太多时候，我觉得必须使用这种词汇，这样才能表达出我的感觉。

譬如相亲这件事，就带着浓浓的中国特色。当然，它不是中国独有的，像在印度，相亲也很普遍。但在欧美国家，相亲就是相当罕见的方式，他们主要是自己去追求。

为什么会这样？台湾学者孙隆基的说法是：他对于华人青年的观察是，他们难以主动发起恋爱的诉求，而在遭遇拒绝时，会有不可承受的挫败感，还可能会爆发出巨大的破坏性愤怒，所以被动的相亲是一个比较合适的选择。既然是被动的选择，那么被拒绝时，就不是"我"的选择被拒绝，而是介绍人的选择被拒绝了，这样"我"产生的羞耻感就会弱很多。

这份羞耻感，是可以要人命的。一位男士对我说，他大学宿舍一哥们儿，追求一个女孩几年未果，非常落魄。看着室友的那份痛苦表现，他发誓说，他绝对不会让自己陷入这种局面中。

结果就是，直到28岁时，他还没有谈过一次恋爱，后来是通过相亲走向了婚姻。

类似的，我认识的一个非常美的大龄女孩说，在恋爱中，她绝不会主动，必须要对方给了足够的爱的证明，她才会向前迈一步。

其实，我也是这种人，构建爱情的能力一塌糊涂，但我的好处是，尽管伤痕累累，我总能充满勇气地去追逐，由此形成了很多体验与思考，还写了《为何爱会伤人》这样的关于中国式恋爱的书。

一次，写王家卫的《一代宗师》的影评时，我心中冒出这样一句话：一个人对爱情的信心，就是对整个世界的信心。

然而在爱情中，我们为什么如此脆弱？

青音和我的这本书，谈的就是这个问题。从恋爱、婚姻、家庭到养育，都可以看到这份脆弱。

这像是一个恶性循环：爱情不能坚韧，是因为我们的婚姻、家庭与养育非常有问题，导致孩子的心非常破碎，漏洞百出；破碎的心，又不能构建爱情，以至于婚姻与家庭，不能建立在一个非常坚实的基础上，于是先天不足，必然脆弱……

譬如我们一再谈到的中国式好人，学者崔卫平也讲过，他们在事业、社会等外在领域中，有各种好处，但在家庭内，特别是夫妻关系中，没办法贯注激情，也不能构建亲密。

对恋爱、爱情、婚姻、家庭到养育的各种中国式问题，我做过很多思考。不过作为"宅男"，我一直还缺乏和别人充分交流的意识，而我和青音的这本书，有了非常大的不同，这是两个人交流碰撞而产生的，并且还是一个男人与一个女人，由此就有了不同的性别角度。

并且，也许我其他书还有晦涩之处，而青音和我的这本书，非常平实，非常朴素，太容易读懂。

读的时候，一如"中国式××"这样的词汇，也许会让你不舒服。这种不舒服的产生，在很大程度上，意味着你发现了自己的问题，而这是改变的开始。

愿我们有越来越多这样的人：可以主动发起爱的欲求，也可以承受被拒绝导致的挫败，由此形成一份坚韧的生命力。

这样的人会体验到，对感情的信心，就是对世界的信心。心中有美好坚韧感情的人，也终将构建一个美好的世界。

武志红

嗨，你可能结了一个假的"婚" | 序 2

"如果不是为了让你有个完整的家，我早就跟你爸离婚了！"

"我和我老婆现在就剩亲情了，婚姻到最后就是亲情和责任，谁不是呢？"

"所谓婚姻嘛，将错就错喽！"

关于爱情和婚姻，这样的论调你是不是很熟悉？听上去好委屈呀——"我的婚姻不好噢，但这不是我的错！"

那么，又是谁的错呢？

曾经，我是一名在深夜里通过电波陪伴全国听众的主持人，这样的陪伴有十六年。再后来，我学习心理治疗，成为一名家庭治疗学派心理咨询师。在一次课上，德国家庭治疗大师艾娃老师向我发问:"Amily,你在你们国家的电台主持情感节目这么多年,我听说婚外情在你们国家开始越来越多,是这样吗?"

我一边很有自尊心地在心里小声嘀咕着:"说得就跟你们国家没有婚外情似的……"一边脑海中快速闪过我在一个婚礼上看到的情景。婚礼主持人为了逗趣,问新郎:"老实交代,这是你第几个女朋友?"新郎不假思索地回答:"以前暗恋过一个,没表白,拉过手的女朋友这是第一个!"全体来宾在主持人的带动下鼓掌,大赞新郎好纯情。主持人又问新娘子:"你为什么决定嫁给他?"新娘子底气十足地回答:"因为他老实,我妈说这样的男人肯定不会欺负我。"掌声再次响起,在将婚姻作为生活实用主义筹码的国人心里,这就是完美的婚姻组合,即便从头到尾,没听到爱。

可是,"后来"这首歌是这样唱下去的——两人很快有了孩子,男人很快出轨了,女人三观尽碎地大彻大悟到原来老实的男人也未必可靠,于是这边抱定拖死不离婚的信念,那边把人生的希冀完全寄托在了孩子的身上。

这个男人正所谓"婚前不懂浪漫,婚后拈花惹草",而对这位妻子则是"因为没有了人生,所以只好生人,于是把生的人的人生完全当作自己的人生。"

可是这样的婚姻,在中国少吗?

婚姻应该是成年人之间最赤诚的关系,但很遗憾,很多人不是!

  对很多人来说,结婚的原因只是由于自己心里有太多来自原生家庭的"不满足"和对现实利益的"不安全",自己在心理上还是个需索无度的"孩子",于是婚姻便成了"父母",结婚的目的本来就是为了"来要",而不是"来给"的!我们放大了幼童时期未能被满足的自恋的需要,走进一段婚姻里,期待被对方看重、被对方拯救、被对方成全、被对方给予,而不是重视自己在经营关系上能做的努力。

  婚姻里的种种不可爱,是因为初心不是出于"我爱你",而是来自"你给我"——不是婚姻有错,是"巨婴"们向婚姻要的太多了!因此,看上去两人养着小孩子,过着小日子,其实是结了一个"假"的婚,只有相互抱怨、不肯成长和推卸责任,没有彼此的支持、赞赏和亲密。那些对婚姻的失望,其实是对自己的失望!

  婚姻真的是爱情的坟墓吗?不,这样的婚姻才是!

  第一次听到将"中国式"这个词放在心理现象上,是我多年前翻到的一本心理学杂志,当时提出"中国式好人"理论的,便是现如今赫赫有名的心理学专家武志红。再后来,有缘的人终会相遇,我们成了朋友,于是录制了一套心理访谈《中国式的情与爱》的想法也一拍即合。

  这是一部教你如何维系婚姻的技巧辅导书吗?对不起,它不是;这是一本应对恋爱婚姻的智慧宝典高钙鸡汤吗？很抱歉，它也不是。

　　它只是一面镜子，让你看到婚姻恋爱生活中那个不快乐的自己，它没有自带美颜功能，因此那些清醒和真实或许还会令你不适。

　　不过，我和武志红老师都更希望它将是你的朋友，帮助你跟自己和解，进而跟他人和解，做更好的自己，有更好的亲密关系！

　　亲爱的，爱人是来帮我们一起呵护我们心里的小孩子的，但请记得，你在亲密关系里，不能只是个不长进的孩子！最好的爱，不假外求！

　　以下是个段子，但或许也不是：

　　一个中国小伙子和一个美国小伙子谈论婚姻。

　　中国小伙子说："你们美国人真随便，一谈恋爱就上床！"

　　美国小伙子答："你们中国人才随便呢，一上床就结婚！"

　　……

　　以上。

青音
于 2017 年春天的一个清晨

中 国 式 的 情 与 爱 | 目 录

第一篇　中国式家庭

中国式爱情的样子

结婚，但未必经历爱情　003
爱情是靠不住的　004
不敢、不会把爱活出来　005
爱情是凄美虚无的，物质保障才是可靠的　006

夫妻关系和亲子关系的次序，90%的中国人都搞错了

妈妈是孩子生命中第一个爱的人　008
父亲是孩子的第一个敌人　009
"妈宝男"也可以遗传　010
有效沟通，确保存在感　011
夫妻关系是家庭关系的定海神针　013

究竟谁在为所欲为

"丧心病狂"晒娃党　015
"某某妈"，注意啦！　016
你是生育机器吗？嘴上说不，行动说是　018

独生子女家庭的危机，如何防患？

家庭之内，宇宙的中心；家庭之外，难以适应　020
出生至六个月，尽量给孩子全然的满足　021
孩子一点点长大，父母一步步放手　023
掌握自己的人生，温和而坚定　025

解剖亲密关系　第二篇

对的人，在哪里？

恋爱时因为互补在一起　029
结婚后因为互补而战争　030
关系是创造出来的　031

在情感里，我们一定要完全真实

包容，才能活出那个有攻击性的真实自我　034
"完美"，是另一种形式的攻击　035
包容，是有容量去化解对方的攻击　036
包容，带来美妙的步调一致　038
敌意一定唤起敌意，而爱则唤起爱　039

第三者的真相

"经典款"第三者　042
插足是竞争、嫉妒、破坏，并非爱　044
把爱挂在嘴边，只是为了掩饰一个事实　046

不肯离婚的"正宫"

家破碎了，世界就会分崩离析　048
我要虚幻的面子，而非真实的人　050
我要报复你，坚决不离婚！　051

脚踏两条船的人

既要稳定，又要激情　054
透过爱情的镜子，成为更好的自己　055
狡兔三窟，才有安全感　056
与其等你抛弃我，不如我先伤害你　058
在关系中解决问题，才是有意义的　059

第三篇　如今的中国女人

"公主病"病号的幸福密钥

中国流行"公主病"　065
女人就应该被照顾吗？　067
"公主病"的由来　068
辨识自己的行为指向，带着觉知去做"婴儿"和"妈妈"　070

为什么好女人都被剩下了？

女孩太优秀，就会被剩下？　072
妈妈说"你不要结婚，不要生孩子"　073
美满的婚姻需要先跟自己的父亲和解　075
其实"想嫁的都嫁了"　076

女性单身真的那么可怕吗？

主动选择单身的女性明显增多　078
受教育程度越高，活得越清醒　080
单身并不可怕，活好自己才最重要　081

爱购物,为哪般?

"火鸡最好吃的滋味就是在你将吃未吃的时候" 083

女人的感性需要具体、丰富刺激的滋养 085

女人越会购物,家庭越美好 086

成为"不招人待见"的妻子需要几步?

把老公当成孩子,婚姻关系都很糟糕 088

不是关心,是控制 089

我永远都是对的 090

你永远都对不起我 090

只有爱会换来爱,怨只会换来怨 091

什么样的女人才是真的强大?

为什么中国女人脾气大 094

女人的强势,源自缺乏真正的平等 096

真正强大的女人,一定是柔和的 097

如今的中国男人 第四篇

解读中国式男人

不能有欲望的中国男人 101

另类男人——"小鲜肉" 103

男孩的教养方式 104

男人婚后对妻子没有"性趣"?

"白玫瑰"与"红玫瑰"　105

与妻子发生热烈的情感,是有罪的　107

关键点在于男人,和女人没有多大关系　108

小时候没有与妈妈建立清晰的"边界"　109

"性人格"是否健康,体现在生活的方方面面　110

"面子"对于中国人为什么这么重要?

面子其实是一种畸形自恋　112

我们愿意制造嫉妒,也愿意嫉妒别人　114

成长"里子",才能从"面子"的黑暗势力中脱身　115

说句"我爱你""对不起"就这么难?

"恨"不能说,"爱"也不能说　117

"不好意思"=不准备负责任　118

心口和喉咙之间,横亘着羞耻　119

真正的爱是努力去做,是分享内心丰富的滋养　120

"中国式好人"在婚姻中的危害

"好人"心里藏着破坏欲望　122

你的价值建立在你对他人的价值之上?　123

对自己很残酷,对自己的亲人更加残酷　124

"好"的程度越严重,"恨"的程度也越严重　126

"中国式好人"怎么破?

"好人"的判断标准:日子过得舒不舒服　128

打破"好人"魔咒的第一步：学会维权　130
打破"好人"魔咒的第二步：建立边界　131
打破"好人"魔咒的第三步：爱自己　132

老公是"妈宝男"，怎么破？

"妈宝男"的特征：始终与妈妈一体　133
"妈宝男"的"爱"，是对"恨"的防御　135
遇到"妈宝男"，你该怎么办　138

第五篇　不肯放手的父母

婆媳关系，两个女人的战争

妈妈只有一个，媳妇可以再找？　143
儿子在妈妈理直气壮的"爱"中备受煎熬　144
共生与边界不清，使得处好婆媳关系难上加难　145
丈夫与婆婆的共生程度决定婆媳关系的好坏　148

婆媳关系的本质是三角关系

婆媳战争里最隐秘的因素　150
直面最难启齿的问题　152

如何理顺婆媳关系

现代婆婆的"悲惨"　154
丈夫：妈妈我很爱你，但请你尊重家庭的序位　155

爸爸，放过你的女儿

有女儿的家庭，男人更不愿离婚　158
有女儿的爸爸需要处理更多心理焦虑　159
父母对孩子健康的爱，应该指向分离　160

第六篇　成为你自己

为什么你妈总是催你结婚生孩子？

和别人"不一样"就"不正常"？　165
和别人"不一样"就是"不孝顺"？　167
不要在"爱孩子"的旗帜下害孩子　168

父母催婚，我们如何应对

催婚是一场持久战　170
应对方法之一：主动出击　171
应对方法之二：充分准备　173
应对方法之三：从小事开始　174

怎样才是"做自己"

"做自己"不是"想干吗就干吗"　177
好的关系就是让你成为你自己　178
人真正的价值，不仅仅在于"被认可"　119
为什么中国人做自己很难　180

如何"做自己"

在中国,"做自己"很危险　182

认清楚"真自我"和"假自我"　183

"做自己"是尊重生命力本身　185

活出真自我的两种方法　186

◇ 第一篇 | **中国式家庭**

中国式爱情的样子
夫妻关系和亲子关系的次序，90%的中国人都搞错了
究竟谁在为所欲为
独生子女家庭的危机，如何防患？

中国式家庭｜中国式爱情的样子

中 国 式 爱 情 的 样 子

| 结婚，但未必经历爱情
| 爱情是靠不住的
| 不敢、不会把爱活出来
| 爱情是凄美虚无的，物质保障才是可靠的

[结婚，但未必经历爱情]

有一个已经是第三次婚姻的朋友跟我聊，她说："你一直在跟大家分享'爱是什么'。可是我周围的人，包括我在内，觉得中国人的惯性思维，或者说文化养成里，是把爱情和婚姻当作两回事的。"这其实是一个非常大的话题。

我想起自己在大四和研究生的时候，常常不自觉地就会对身边认识的情侣的感情结果进行预测，结果大部分结局并不乐观，而且好像基本言中了。其中只有一对情侣，我觉得他们未来会过得很幸福。一个多月前我又跟那个朋友联系上了，我问，你们怎么样？他说，非常好。在此之前，我们已经多年没有联系了。

其实当时的预测没有别的理论工具，就是通过直觉，感觉他们之间爱的成分的多少，彼此默契程度如何。我当时觉得，除了这一对，别的情侣考虑情感之外的东西过多；也有几对似乎特别在意情感的情侣，又有些东西非常不协调。所以，我对大多数情侣的结局持悲观态度。

后来我做了心理咨询师，接待了大量来访者，写专栏，又收到数千封读者的来信，才明白中国人把爱情活出来是一件非常非常不容易的事情。大家都结婚，但是大家未必都经历过爱情。我听过这样的说法：爱情是什么？爱情就是鬼，听过没见过。首先，我们的父辈是羞于谈爱情的，因此他们在参与孩子婚姻讨论时也不提爱情。孩子结婚时，爸爸妈妈不会问他：你们相爱吗？父母的关注点往往落在买学区房、落户口这些特别实际的问题上。所以直到现在，大部分中国人选择婚姻的时候，虽然也考虑爱情，但不会将爱情作为婚姻的充分必要条件，而将婚姻的持久稳固视为比爱情更重要的事情，将重点放在物质条件、社会地位等方面。

[爱情是靠不住的]

关于爱情，我听过一些不同的说法。

有一种说法非常普遍，说，爱情的前提是两个独立的人，他们又想在一起，然后才会有爱情。

另外一种说法是美国的一个哲学家，准确地说是神话学家提出的，虽然现在爱情的观念深入全世界每个地方，但实际上在文化渊源里，爱情是只有在欧洲文化中才有的东西。除了欧洲，其他各种各样的文化里，其实都不怎么讲爱情。

在中国古代四大民间传说中，七仙女、白素贞，追求爱情，但基本上都是悲剧结尾。白素贞被压在了雷峰塔下，七仙女跟董永隔着银河遥遥相望。好像中国人普遍认为爱情是凄美的，追求爱情，就没有好下场。

这里面其实藏了一种特别深刻的痛楚，也就是我总结的中国传统文化中关于爱情的观点：如果整个民族都相信爱情是凄美的，其实是因为我们认为"爱情是不可能的"。所以老一辈人教导年轻人说，不要只考虑爱情，甚至不要考虑爱情，爱情是靠不住的。要选择让你感觉安全持久的东西，比如社会经济地位，或者是否门当户对。我的理解是，之所以这样教导，是因为我们每个人都藏着对爱的渴望，但是同时，身为中国人，我们又会存着很深的对爱的绝望。

所以，即使有了爱情，在表达上，我们也都心虚气短，觉得不可能实现。

[不敢、不会把爱活出来]

跟爱情有关的文艺作品，欧洲国家的表现风格都是奔放的、热烈的，但是我们的表达常常是非常凄婉的。在国内的导演里，我觉得王家卫对中国爱情的表达最到位。王家卫的电影里，男主角和女主角的爱只有一条线那么细，那条线似有若无，却连绵不断。就好像跳舞，两个人碰到了，双目相投，却擦肩而过。这种表达非常符合中国特色，很渴望爱，但又不敢，在两个人就要表露，就要在一起的时候，擦肩而过。

中国人对待感情的态度，就是这么压抑，就像龚自珍笔下的"病梅"，扭曲、病态、不自然，甚至觉得热烈、奔放，大胆地去追求、享受爱情，享受性爱是有罪的。同样是激情，我想到梵·高的画。梵·高是一个病得很重的人，是严重的精神病性的心理疾病患者，但是他的向日葵非常奔放，他的星空非常奔放，他可以把生命的全部热情在笔下泼洒出来。但在中国文化里，主流文化讲究的都是含蓄的、暧昧的、没有勇气实现、只好一辈子心心念念的情愫。如同鲁迅笔下那个"文人的梦想"：在下雪天，由两个侍儿扶着，吐半口血，去院子里看梅花。文人们觉得这种感觉特别好，特别有意味。王小波对这段的评论是，大可不必搞得这么憋屈，我是一个壮小伙子，如果需要，上去打他一拳，他立马就可以吐出血来。

我的理解是，在中国传统的教育观念里，是没有"儿童"这个物种的。有的只是"小大人"。我们的成长过程，似乎就是一个学会压抑的过程。因此大部分中国人从小就在并不适合自己身心发育的环境里成长，我们对爱的体验都是非常绝望的，生命里的热情、感性、奔放，就好像跟我们彻底没了关系，统统被压抑了。这种体验一再重复、加强，情感的需求被一再压抑，所以后来即使长大了，也不敢、不会把爱活出来，因为我们很害怕这种伤害：我很渴望你，但是你会让我体验到绝望。

[爱情是凄美虚无的，物质保障才是可靠的]

为什么中国人从文化到现实，对情感的态度会是这样呢？这里面包含着几个层次的原因。

首先，客观地说，我们的经济发展平均水平还没有达到足够的高度，我们的社会福利和保障系统也没有达到让一个人可以完全按照自己的想法去生活的水准，所以大部分人，即使是一些已经不用担心温饱的人，也没有足够的物质上的安全感，因此，在选择婚姻的时候首先要考虑物质条件的保障。

其次，我们对情感的态度，跟原生家庭、个人的成长经历、所受的教育都有极其密切的关系。中国的传统文化就是混沌的、黏糊的文化，人和人之间界限极不清晰，而且彼此越位、侵蚀严重，大家都习以为常；这些人一旦成家，组成家庭，就不是彼此独立的，他们一旦成为父母，培养出的孩子，不管是男孩、女孩，其人格在进入婚姻之前也不是一种独立的状态。所以即使大家觉得家人之间很相爱，但其实完全是共生的，甚至是寄生的关系，这种情感是依赖的、是病态的；一旦这个孩子恋爱、成家，他遵循的也是和他的父母一样的轨迹，而不是享受两个独立的个体之间成熟的爱情。

除此之外，在我们的传统文化中，我们民族的集体意识里，人们一提到爱情，反应就是凄美的，靠不住的，像肥皂泡一样，一吹就破的。

我们知道，爱情是两个独立的人才会有的东西，但是在中国的两性关系里，往往只有一个人能够绽放。这个人是核心，另外一个人要围着他转，满足、照顾、烘托他的情绪。读者朋友不妨想想自己周围朋友们的家庭结构，两口子之间是不是大多数是这个样子。这种关系时间长了一定会失衡，失衡就会出问题。一出问题，大家又会觉得，爱情是靠不住的，还是物质比较靠得住。

因此，中国人将爱情和婚姻区分开来这种现象，是与我们的文化、与我们现有的经济状况和社会财富积累程度，与我们代代相传的家庭意识，都有深刻关联的。因此，在这些客观条件没有得到充分调整和改善之前，我们不能简单粗暴地下结论，比如批评有些人结婚就是为了钱，或者嘲笑年轻人为了爱情而结婚。其实这是两种极端，都是片面的。

不管是发展社会经济，增加社会物质财富的积累，还是调整我们的家庭观念和养育观念，逐步培养人格独立、心智健全的人，都需要经过长久努力才能慢慢地发生改变。在此之前，就让我们根据自己的客观情况，尽量清醒、审慎地选择自己的爱情与婚姻。

夫妻关系和亲子关系的次序，90%的中国人都搞错了

妈妈是孩子生命中第一个爱的人 |
父亲是孩子的第一个敌人 |
"妈宝男"也可以遗传 |
有效沟通，确保存在感 |
夫妻关系是家庭关系的定海神针 |

[妈妈是孩子生命中第一个爱的人]

前段时间，一个朋友告诉我他的发现：中国很多家庭当中，妈妈和孩子的关系特别亲密，类似一种结盟。比如，妈妈如果生的是儿子，一定是妈妈和儿子的关系特别好；如果是个女儿，即使原本爸爸和女儿的关系很紧密，但随着女儿逐渐长大，妈妈开始在女儿面前诉苦，讲爸爸多么坏、多么糟糕，经过几年，或许是一夜之间，女儿就会从对爸爸好到对妈妈很忠诚，疏远爸爸，甚至和妈妈一样对爸爸充满了抱怨和恨意。

那位朋友和我探讨说："这种关系，会给家庭带来什么？"我说："那当然是一种灾难，带来的是婚姻关系的不和谐和亲子关系的扭曲。"其实这种普

遍现象的背后，有更深层次的原因——因为所有的孩子，他生命中第一个爱的人都是妈妈。孩子和妈妈之间有一种天然的连接。怀胎十月，妈妈和孩子是一体的；按精神分析的说法，想把孩子养好，就需要妈妈在孩子三岁之前，与孩子非常亲近，建立起一种亲密无间，甚至共生的关系，即"妈妈就是宝宝，宝宝就是妈妈"这样的关系。

父亲是孩子的第一个敌人

关于父亲与孩子的关系，我特别喜欢美国神话学家约瑟夫·坎贝尔的说法。他说：父亲是所有人的第一个敌人。

生命最初是伊甸园，妈妈和婴儿共生在一起，最初孩子会觉得：我就是妈妈，妈妈就是我。但是随着长大，孩子会突然发现：怎么有一个"父亲"在那儿？他会觉得父亲对母婴这种共生关系来说，是入侵者，所以说父亲是敌人的原型。

因此，父亲其实很不容易。作为父亲，他需要做到：第一，作为家里的顶梁柱，或者说保护者，得有力量；第二，力量之外，还得有充沛的爱，这样，他才能带着爱，入侵到母婴关系里；第三，他要感化孩子，让孩子对父亲的敌意逐渐变成对父亲的爱。

这些功课对男人来说，是挺难的，如果没有妻子的帮助那就更难。而我觉得中国男性和女性的心理发展水平都不高，所以说，在受到挑战时，很多男性会感觉受挫。受挫以后，他采取的应对方式是什么？是逃走。

目前的婚姻现状里，男性出轨常发生于两大节点：妻子怀孕期间、生下孩子之后。为什么呢？因为很多女性怀了孩子之后，就开始有一种由衷的满足感。事实上，每个人都在寻找一个人可以和自己完全连接在一起，而且女性的这种需求要比男性更强烈。

从人性本身来说，这种需求的强烈程度是一样的。但女性可以直接活在"我要连接，我要情感"的态度中，而男性则可能意识不到。女性如果不能在丈夫这儿得到满足（我们前面讲道：中国式婚姻中很缺爱情），那么在有了孩子以后，她会觉得她可以从孩子这里得到情感连接的满足。这样一来，她和孩子连得很紧，丈夫就会觉得：我被抛弃了，我不重要。

如果丈夫的心理发展水平很低，他感觉到被抛弃了，就会逃走。但如果丈夫的心理功能发展得比较好，他就能做一个包容的男人，会在妻子怀孕、养育孩子的过程中努力付出；当他有被抛弃感时，他就会思考：到底发生了什么？思考之后，他会去和妻子耐心沟通，从而想办法去化解，而不是指责、攻击，甚至逃走。

| "妈宝男"也可以遗传 |

一旦男人选择在挑战面前逃走，婚姻中的女人就会更加失望，她和孩子的连接就会变得更紧密，于是丈夫就"消失了"。这里我特别想提醒男性注意，一定要小心这种局面。有段时间在新浪微博上，我的粉丝（一些编剧和导演）就在探讨：公公去哪儿了？中国的影视剧当中，都是女人在争夺年轻的男人或者孩子。但是，六七十岁的男人去哪儿了呢？答案是"消失了"。影视剧当中的中国男人，尤其是父亲这个角色，要么是和事佬，要么就是一个"隐形人"。很难看到一个很有个性的、很有主张的、很有力量的公公，在这个家庭当中起到权威作用的。

而国外的电影，尤其是美国的电影里，父亲是很有存在感的。爷爷会拍着孙子的头说："去吧，我们都爱你！"或者说："你很棒，加油！"在这里我们能感觉到男人的力量。尤其是父子间的互动或者爷孙之间的互动，非常感人。

所以我们说，一个家庭中，男人的消失，不光是女人的作用，男人也起了相应的作用。男人是女人的镜子，女人也是男人的镜子。如果女人这么容易和孩子建立同盟，排斥男人，这可能也意味着，这个男人确实水平不高。和中国女性相比，男性的心理发展水平更低。这是我透过"剩男剩女"现象发现的。就"剩男剩女"相比较而言，"剩女"大多比"剩男"要出色。坊间有这样的说法——好男人都结婚了，但是好女人都没嫁出去。

为什么有些男人的心理发展水平不如同龄的女性？我想这也和原生家庭有关，是因为他们的妈妈也没有进步。妈妈主导的"母子结盟"关系中，培养出了非常恋母的、依赖性很强的、内心没有长大的孩子，也就是我们说的"妈宝男"。

有些男人不承认自己是"妈宝男"，觉得自己早早就离开家，生活很独立，而且工作做得也不错。但是，当面对两性关系的时候，尤其是面对家庭关系时，他如何迅速地成长为一个合格的父亲？这个问题对他来说很难，因为他的父亲——后来的"公公"——也没有成长为一个合格的父亲；他甚至不知道一个合格的父亲是什么样的。所以，这是代代遗传的。

| 有效沟通，确保存在感 |

如果丈夫在家庭当中已经发现妻子和孩子的关系特别紧密，自己像可有可无的人，他一定会很焦虑。于是，有的人会去找第三者，有的人会埋头于工作、忙于应酬，但这些都是消极的应对。那么，如何积极地应对呢？

积极的应对中，沟通，特别是关系里的沟通，很重要。丈夫可以对妻子说："我注意到你怀孕、有了孩子之后，你们变得很紧密，而我却被排挤了，我感觉在家里很孤独。"丈夫把自己的感受表达出来。

这样的表达很有可能让妻子觉得自己被攻击了，导致妻子有怨言。但是无论如何，表达自己的真实感受很重要。此外，比表达不满更重要的是，丈夫要去认识自己内心的一些东西。比方说，觉察一下自己是不是对"被拒绝"太敏感，一感觉到被拒绝，就会有极大的愤怒和敌意。如果丈夫不能表达自己的愤怒和敌意，就会直接往后退，以至于他在家里越来越没有存在感。

当然，传统文化里讲究"男儿有泪不轻弹"，对于中国的男性来讲，表达自己被抛弃了，表达自己孤独，这个很难。作为一个男人，他觉得跟妻子表达这些显得自己很软弱、没有男人样儿，真是做不到。而且男性一般比女性敏感度差，他可能莫名其妙地就后退了，自己都不知道发生了什么，所以这确实比较难。在此有一个简单的建议：如果自己捕捉不到关键，可以找专业人士寻求帮助，比如找心理医生。全世界都是这一比例——七十对三十，即心理医生的来访者中，百分之七十是女性，百分之三十是男性。

沟通有两个方面，一个是和对方沟通，再一个是和自己沟通。男性对自己情绪的体察，确实是比女性要迟钝一些，而且大部分男性是向外看，向内看的比较少。特别希望看到这段文字的男性读者，不管你年龄多大，都希望你从现在开始，学习观察自己的情绪变化，多跟自己的内心进行对话。向内走得越深，跟外界沟通、建立连接的时候，才会越顺畅。男人要培养跟自己沟通的能力，而女性则刚好相反，女性要好好培养与对方沟通的能力。

而那些跟孩子结盟的妻子，她们需要做什么改变呢？

对妻子来讲，她首先要有"警惕自己与孩子结盟"的意识。对妻子来讲，和孩子结盟是很自然、很容易发生的事情。精神分析理论认为，这是一种必然的历程，当妻子生孩子之后，她有一段时间会全身心地贯注在孩子身上，这对养育孩子非常重要，甚至是必不可少的。

也许中国家庭中的妻子，需要多一份心，在跟孩子建立联盟的时候，看看丈夫是不是感觉到被疏远了。如果发现丈夫有这种感受，而且丈夫又不会、不能表达，就需要妻子主动跟丈夫沟通。这一点，对女性来讲也很不容易。

从某种程度上说，在家庭关系的构建上，女性的责任更大一些，因为女性天然就有比男性更好的感受能力和情绪包容能力。而男性需要付出的努力、需要做的事更多一些，因为女性与孩子形成连接是自然的过程，而男性则需要通过努力和爱才能实现。

夫妻关系是家庭关系的定海神针

"妈宝男"是一个非常值得探讨的现象。出现这种现象的原因，是家庭的核心关系出现了错位，变成了母亲和孩子的关系。而健康的家庭里，核心关系应该是夫妻关系，夫妻关系是家庭关系的定海神针。

在中国家庭里特别容易看到这种现象：丈夫被排挤了，母亲和孩子构成了联盟，如果这个孩子是一个男孩，那么这个联盟会导致这个男孩长大后也一直是个"妈宝男"。要减少或防止这种现象，男性女性都需要反思和成长。

一个家庭比较理想的模式是：夫妻首先由爱情开始，他们之间感情很深。在爱情中，刚开始，女人确实需要把男人当孩子似的引领，而同时，男人需要包容女性的情绪。这听上去就像两个人在跳双人舞一样，是一种有进有退的、非常美妙的关系和节奏。当生了孩子之后，会出现这样的局面：女性包容孩子的情绪，而男性要支撑这个家。男性曾经包容过女性的情绪，女性才能很好地包容和这个男性所生孩子的情绪。随着时间的推移，孩子逐渐长大，父亲带孩子的参与度越来越高。但在前期，男性确实需要主动地去包容体谅女性的情绪。

我认识一个非常有智慧的母亲，她在家庭关系构建中的做法是：当她发现丈夫和孩子闹了矛盾，就跟孩子说："我的丈夫是我选的，你在我的家庭当中，在你长大成人之前的很多年里，你都要跟我一起来适应他，因为我接纳他，所以你也要接纳他。但是我不要求你接纳他一辈子，因为将来你会有你自己的家庭。但是希望我们这个家庭，给你带来的更多的是温暖和包容。"这个孩子就会意识到"爸爸跟妈妈是一伙的，所以我在家里要规矩一点儿，我在家里要尊敬我的爸爸，要爱护我的妈妈"。这个妈妈真是一个很好的妈妈，她在有意识地处理她和孩子的联盟关系，不要太过于紧密。

他们的孩子特别感恩自己的父母，父母的爱情是孩子内心最笃定的根基。不管生活、事业当中遇到多少挫折，孩子都坚信自己会成为一个很好的自己，不被父母牵绊，相信自己将来也会建立一个非常好的家庭，和父母当年一样温暖。

所以在家庭关系中，夫妻关系永远是第一顺位。夫妻关系是家里的定海神针，夫妻间的爱，就是家庭之树的根。男性和女性共同学习、成长，保持、增进夫妻间的爱，才是一个家庭幸福、健康的根本。

究竟谁在为所欲为

| "丧心病狂"晒娃党
| "某某妈",注意啦!
| 你是生育机器吗?嘴上说"不",行动说"是"

["丧心病狂"晒娃党]

周围很多朋友经常聊起一个现象,说现在做妈妈的女人可真是了不得,从怀孕开始就特别宝贝自己,各种求关注;朋友圈有一群人,叫丧心病狂晒娃党,每天就是晒娃娃的照片,好像女人一旦有了孩子,那种骄傲,那种志得意满,简直就是人生大赢家。为什么这些女人有了孩子就呈现这种状态呢?

这其中有很纯粹的生理本能。做妈妈,是女性特别重要的生物属性之一——子宫其实就是在为生孩子做准备。做了妈妈,就完成了一个很重要的人生使命,从生物学上,这种满足感可以理解。另外一个原因是心理部分的,对很多女性来说,有了孩子之后,她就有一种圆满感。人活着,需要与世界有一种很深刻、牢固的连接，需要自己完全属于这个世界上的某一个人，同时有一个人完全属于自己，两者合而为一。

从心理学上讲，婴儿在六个月之前都处在这个阶段，我们把它叫作共生期，就是我完全地属于你，你也完全地属于我。我们认为中国人普遍在这个阶段出了很大的问题，没得到满足，而女性心理上没得到满足的程度更严重一些。所以当怀孕了，有了孩子，她这部分就得到了满足，真的有一个孩子在她的身体里，孩子和她共生在一起。孩子出生之后，面对这个世界没有任何自主的能力，又必须与妈妈共生才能活下来，所以妈妈共生的渴望也会得到很大的满足。

但是如果一个妈妈"晒娃"已经到了"丧心病狂"的地步，就可能还有另外一层含义，即：这些妈妈们并没有真正属于自己的人生，所以生了孩子之后，孩子的人生就成了妈妈自己的整个人生。在生孩子之前，这个妈妈可能没有强烈的存在感，一直很平常、很平淡；但是结了婚、突然有了一个孩子之后，如果这个孩子又乖巧又漂亮，是可以拿出去到处说的，于是这就变成了妈妈非常骄傲的部分，夸张一点儿说，怀孕的时候孩子寄生在妈妈的肚子里，孩子出生后妈妈就寄生在孩子的人生里。

["某某妈"，注意啦！]

这种将自己的身份完全寄生于孩子身上的现象在中国非常常见。当一个女人做了妈妈，她就忘记了自己是谁，变成了"某某妈"，寓意因为有了孩子她才存在，而作为一个女人，或者作为一个人的部分，就被忽略了。在很多妈妈群里，我做互动的时候，经常提醒妈妈们，我说凡是微信头像是宝宝的照片，名字也是什么什么宝妈的，这样的女性你要引起注意了，你已经把自己的人生压在了孩子身上,已经没有自己了,永远都是孩子、孩子,永远都在为自己如何当一个好妈妈而焦虑。事实上你做不好自己,就不可能做好一个妈妈。爱孩子天经地义,对父母来讲爱孩子的确是一种非常美好的体验,也很无私,但每当看到"伟大的父爱""伟大的母爱"这样的词,我都会迟疑一下,因为从心理的角度而言,过于忘我的伟大背后,有可能隐藏着很可怕的东西。

我在火车上经历过这样一件事情。在高铁一等座的车厢,坐在我旁边的一个女士抱着一个八个月的孩子往地上撒尿,第一次撒尿我没有说什么,但过一会儿又这样。我有些不满,本来高铁一等座是非常干净舒适的,她坐在我旁边,过道里也没有人,卫生间就几步远,敞亮洁净的卫生间不去,却让孩子把尿撒在地上。于是我就说你能不能抱孩子去卫生间,别在座位上撒尿。这个妈妈的第一反应很有意思,她说你作为一个大人怎么跟八个月的孩子计较。我说我不是跟孩子计较,我是跟你计较。孩子不会去,你可以抱他去。然后她的丈夫开始跟我吵,说我媳妇要是抱着孩子上卫生间,摔跤了、摔骨折了你赔钱呀!我说车厢是公共场所,你这一次又一次往地上撒尿合适吗?我觉得其实孩子很可怜,因为孩子不会说话,如果孩子会说话,他一定不愿意让妈妈抱着他这样随地大小便。这时候这位妈妈表现得特别愤怒,说你不是妈妈,你当然不懂妈妈的心,妈妈为了孩子愿意怎么样怎么样,说了一大堆的道理,好像自己这样做就是为了孩子在做牺牲,一副格外伟大的样子。

在一些公共场合,当孩子不懂事,招惹别人不满的时候,我也见过大人不去管教孩子,而是跟对他的孩子不满的大人去理论,认为这就是在维护孩子,表现母爱。但在这件事情中,我觉得已经不是一个母亲在保护自己的孩子了,这背后除了对孩子过度的爱,其实还有对母亲这个身份的过度骄傲。

从投射的概念来说,在这件抱着八个月的小宝宝往地上撒尿的事情中,这个妈妈打着"保护孩子"的旗号,其实反映的是自己想为所欲为的心理欲求。

这个妈妈内心住着一个"我想为所欲为"的内在婴儿。我认为中国人的心理状态,普遍停留在六个月婴幼儿的水平,可能那个时候她没有得到很好地满足,或者说她被过度满足,导致她一直卡在这个阶段出不来。这个时期婴儿的心智特点就是为所欲为,我们也把它称为"全能自恋",是指以自我为中心的极致——我是宇宙的中心,日月星辰整个宇宙都应该围着我转,别的更不在话下。火车上的这对父母就出现了这种投射,他们都把自己的为所欲为的内在婴儿投射到自己的宝宝身上,他们让自己的宝宝为所欲为,实际上是他们想为所欲为。

我们可以想象,当父母把自己的孩子放在"全能自恋"这个位置的时候,其实代表着父母很渴望这样,所以当有了一个孩子,他们就想让孩子这样,然后就觉得自己很伟大,很了不起。当这种需求投射在孩子身上后,也就意味着其实那不是一个孩子,那是他们自己自我的一个延伸。可能以前他们就非常希望在公共场合为所欲为,有了孩子之后,就有了充足的借口。从这个意义上说,所有这些荒唐的举动,都是以爱孩子为最好的借口,来满足自己的自恋。

[你是生育机器吗?嘴上说"不",行动说"是"]

还有一件事情,需要提醒女性警惕:不要把自己放在很可悲的"生育机器"的位置上。

中国传统的家庭伦理里,女人是外来者、依附者,她唯一的价值体现就是可以生育,为男人家族传宗接代。所以在很长的时间里,主流文化就是把女人当作一个生育机器来对待的。

身为女性,如果你的关注点不在于怎么把自己的人生过好,怎么活出一个独立的、有尊严的自我,而只是将自己的价值寄托在生孩子这件事情上,生了孩子之后因为孩子就觉得自己特别了不起,那么你是自己把自己当作一个生育机器,心甘情愿让自己成为附属品和被操纵、使用的特殊工具,这就太可悲了。

妈妈们一定要记住:你是孩子生命的接引者、照料者,你也是孩子最初和一生的榜样,孩子是比照着你的人生来活他自己的人生,所以你越过好自己的日子,越有个性,越活出自己的人生魅力,你的孩子才能活得越精彩,如你所期待的,成为一个成功、圆满的人。

独生子女家庭的危机，如何防患？

家庭之内，宇宙的中心；家庭之外，难以适应
出生至六个月，尽量给孩子全然的满足
孩子一点点长大，父母一步步放手
掌握自己的人生，温和而坚定

| 家庭之内，宇宙的中心；家庭之外，难以适应 |

我国实行了长达三十年的计划生育政策，造就了整整两代"独生子女"家庭，并形成了特色鲜明的"独生子女"家庭模式。这种家庭里，因为受到过分的关注，独生子女会一直有一种感觉——我是家里的中心，我是第一位的，这个世界是因为我的注目而存在，宇宙是围绕我转的。

其实，每个生命一出生，都想成为宇宙的中心。据说，佛陀一出生，就一手指天，一手指地说："天上地下，唯我独尊。"所有孩子一出生都是这种感觉，我们前面说过，这叫作"全能自恋"，是以自我为中心的一种极致的表达。这个感觉在孩子六个月之前或至少三个月之前，是应该得到充分满足的。

这种满足通常由妈妈来给予，当孩子这种感觉得到满足之后，他才能够从这种状态中脱离出来，同时随着年龄的增长，生发出别的更复杂更高级的感觉。

但在中国，通常的情形是：很多父母对六个月之前、不会说话的孩子没有感知能力。他不知道怎么去捕捉一个不会说话的孩子的需求，严重忽略六个月甚至九个月之前的孩子，所以孩子这种"全能自恋"严重地没有得到满足。等孩子长大了，会说话了，会走路了，变得可爱了，全家人又会围着他转，过分地满足他……就相当于在该满足孩子的时候，没有给他足够的满足；等孩子长大了，不该给他那么多满足的时候，又给了孩子过度的满足。

这种不恰当的满足方式，导致孩子以自我为中心的感觉随着年龄的增长越来越强，无法脱离。孩子得到了表面情感的过度满足，他发现宇宙星辰都是围绕着自己转的。但随着孩子自我意识的清晰，这种满足会让他很困惑，同时又让他很悲惨，因为在家庭之外，他就不是"宇宙中心"了，家庭之外的任何事情都可能让他感觉委屈或者难以适应。而且他承载着所有围绕着他转的人——至少两个，多则六个大人——的期待，这些期待构成了他生命里沉重而且无可逃脱的负担。

因此我们发现，独生子女在成长中普遍容易出现一些问题。这些问题对独生子女本人和独生子女家庭都影响巨大，并且存在着代际传递。如何尽早发现、妥善调整、及时处理这些问题，需要每个家庭成员的参与、智慧与勇气。

[出生至六个月，尽量给孩子全然的满足]

朋友说起她表妹有一个孩子，今年四岁了。和很多年轻的妈妈一样，朋友表妹在生完孩子之后很快就去上班了，孩子交给老人和保姆带，妈妈只是晚上回去看看孩子。这个孩子从小就是一个特别乖巧的宝宝，特别会观察人，一两岁的时候就会看眼色：爸爸妈妈是不是不开心了？那我今天要乖一点儿啊，等等，是一个很自觉的宝宝。但朋友发现，他和妈妈单独在一起的时候，和爸爸妈妈在一起的时候，和我们这些七大姑八大姨在一起的时候，孩子是三个状态。

相比较而言，只跟妈妈在一起的时候，孩子最老实，妈妈说让干什么就干什么，特别害怕妈妈发飙，非常听话，绝对不胡闹。但是七大姑八大姨围着他的时候，孩子就为所欲为，随便哭闹，谁说都不管用，脾气变得极其暴躁，还骂人。同样一个宝宝，同样的年龄，面对不同的人群，呈现的状态完全不一样。这是为什么呢？

朋友的推测是，当七大姑八大姨围着他的时候，他就觉得，我有那么多人可以依赖，你不爱我还有人爱我，你不顺从我，有人顺从我，不行我就哭、我就闹。有一个画面朋友印象很深：一大家子人带着孩子去商场，宝宝一个人在前面跑，后面三个老人追着，再后面是这些姨妈、舅舅们追着，形成一个梯队往前跑。朋友当时看到这个画面就觉得非常有意思，后来发现很多家庭都是这样。

这真的是一个很经典的画面，但是朋友看到的只是一种比较表面的现象。表面上，七大姑八大姨、整个家族都在围着这个孩子转，但这个孩子在妈妈面前，就变得很老实，而且他察言观色的本领很高，这背后的原因是什么呢？我的简单推测是：孩子的"全能自恋"在妈妈那儿可能并没有得到真正的满足。因为没有被真正满足，所以孩子一直不能从这种需求中脱离出来，一直想要从妈妈那里获得和求证。

这种婴幼儿期的心理需求不被满足就会导致严重的成长不完全，我们称之为"巨婴病"。一个人慢慢长大，甚至已经成年，但是他的心理发展水平可能还是一个"婴儿"。他的心理需求还停留在婴儿期，这也是"巨婴病"的核心——这个世界是围绕我来运转的，更严重一点儿就是——"我是全能的"。

"巨婴病"病得越重的人，通常就意味着早期他作为婴儿的时候得到的满足就越少。甚至有些"巨婴病"的孩子在早期遭受过严重的母婴分离，他被妈妈抛弃过、被别人养，比如被隔代抚养或者被保姆养。这也是朋友表妹的孩子在妈妈面前和在别人面前表现完全不同的重要原因。

[孩子一点点长大，父母一步步放手]

我们经常说，中国人养孩子都是倒着养的。一岁以前，父母不关注孩子的情感，也不给孩子足够的陪伴；等一岁到三岁，孩子有了自我意识，要自己对世界进行尝试、探索时，家长就开始全方位防范，不许孩子动手，或者直接阻止，或者迅速帮孩子做完孩子想自己完成的事，不给孩子犯错误和学习、探索的机会；等三岁以后，特别是六岁以后，孩子需要独立，需要向自由的空间生长时，父母、老师、社会都在要求孩子"你要听话"，不给孩子独立思考的空间；等孩子长大了，十八岁之后，父母开始干涉孩子成年之后的人生选择，不管是职业还是对象，父母会觉得"你的生活就是我的生活，你的事就是我的事"，而且会打着爱的旗号。等到孩子成人、结婚、生孩子，父母百般不放心，死活要跟孩子生活在一起。这过程完全是颠倒了的。

很多人看到这里会对号入座，说"没错，我就是这么对待自己孩子的"或者"我就是这么被养大的"。这就是"巨婴病"在代际之间的传递途径。"巨婴病"的一个经典的表现，就是"你我不分，我们是一体的"，我就是你，你就是我。我们称它为"共生"。这对婴儿来讲很正常，但如果我们成年了，还认为"孩子的事就是我的事，我的事就是孩子的事"，那就是"巨婴病"。

其实，六个月之前的婴儿和妈妈共生在一起，这叫正常的共生。因为这个时候的婴儿必须和妈妈共生在一起才能获得生存的基本条件；六个月以后，孩子还和妈妈共生在一起，或者妈妈和孩子共生在一起，这都叫作病态共生。现在90%的中国人都活在病态共生的状态里，我们需要从这种病态里摆脱出来，因为这会对我们的心理健康造成很大的影响，导致我们活得非常辛苦。

病态共生是一种"我为你活，你为我活"的生活方式。父母宣称"一切为了孩子"，"为了孩子我不离婚"，为了孩子放弃了自己的人生追求、兴趣爱好；孩子在这样的"奉献"面前，必须表现得孝顺，所以为了爸爸妈妈，要选择一个让他们满意的职业，要选择一种让他们满意的生活方式，甚至要选择一段让他们满意的婚姻。

而且在"四二一"的家庭结构中，作为"一"的独生子女，要承担父母、爷爷奶奶、姥姥姥爷六个大人的期待，这构成了双重的"过度"，一部分是过度满足，另外一部分是极其严重、过度的负担。这个负担并不是物质上的负担，而是他要顺从、承接六个老人的意志、意愿。所以我们看到，作为"巨婴病"家庭的独生子女，真的很孤独、很累。

但是这种家庭的父母不觉得，还会被自我催眠，觉得自己很崇高、很伟大，觉得自己为孩子安排好了一切，多伟大的父爱母爱！但从心理学的角度看来，这些安排其实是病态的，也是有害的，是因为父母早期关系没有处理好，对孩子产生的投射。

如果中国家庭可以从这种搅成一团的病态共生里走出来，让父母归于父母，孩子归于孩子；如果父母知道且止于做好自己，给孩子应有的发展空间，不强烈地控制孩子；如果孩子在幼小的时候自恋和依恋能得到充分的满足，那么他的"巨婴病"会比较轻或者没有。等到孩子逐渐地成长，不需要承担父母、长辈意志的重压，成长为有独立的自我意识、完整的生活能力的人，那么"巨婴病"的代际传递就可以阻断了。

掌握自己的人生，温和而坚定

有些朋友说，现在家庭就是"四二一"这样的结构，而且自己已然跟父母是一种共生的、分不开的关系，那么孩子该怎么处理父母对自己过分地干涉？

首先，孩子需要展现出"我是成人"的独立能力。如果在一个家庭中，你已经意识到父母跟自己是共生的关系，那么孩子必须依靠自己的力量改变。比如我经常在节目中问一些很年轻的朋友：爸爸妈妈为什么会反对你交男朋友？为什么会干涉你们不可以谈异地恋？等等。那是因为在此之前，你没有给父母展现出"我是成年人"的这种态度，也没有让你的父母相信你有处理好这些事情的能力。

你可以主动跟父母聊，你现在跟什么人交往，你对未来的生活是怎么设计的，你有怎样的梦想，尽量让父母多了解你，并相信你对自己未来的规划和安排，消除父母对你的焦虑。父母焦虑越大，就越想控制你。

其次，孩子需要给父母划出清晰的界限。和父母明确哪些范畴是你不希望他们干涉的。比如要求父母不进入自己的私密空间，不允许父母看自己的手机和邮箱，甚至在交友问题上不允许父母过多地干涉。

刚开始这样做的时候，孩子可能很难向父母提这些要求，因为心里会很内疚。这时，孩子需要认清自己内疚的原因是什么。这里涉及一个生命存在的基本原则：每个人都有自己的命运。父母有自己的命运，孩子有自己的命运，每个人要为自己的命运负责，每个人也只能为自己的命运负责。

"温和而坚定"地与父母沟通。坚定就是我坚定地做我自己，坚定地对父母说"NO"，这是我的空间，你们离我远点儿。温和就是我在这个过程中表现出非常"善意"的态度，我并不是非要和你们对着干，我还是爱你们的，但是这个温和不损害自己的坚定。

有一个心理学家用另外一个很美的词来描绘这个状态，叫"不含敌意的坚决"。这种描述很恰当：我很坚决，但是我没有敌意。

有些父母比较自觉，很早就知道跟孩子建立边界。但如果你的父母非常坚持地要黏着你，你就必须尽早地、一次又一次地做这件事情，做得越早，父母接受的难度越小，越不会觉得被伤害。

还有一个建议：从小处开始。很多人的习惯是这样，他们开始一个转变，一定从一件标志性的大事开始，以此宣告自己"告别昨天"，我把这个称为"殖民地起义"，就好像殖民地起义，要赶走宗主国的时候，往往要杀一两个总督，以此为标志事件。但用这样的方式和家人沟通是不行的，用这种办法立刻就会激起极大的敌意。又比如在子女关系中，很多子女要表达独立，如果从结婚生孩子、选择工作开始，这些事情太大了，就不容易达成一致意见。

可以先从小事开始，例如怎么吃饭、怎么穿衣服、几点钟起床、几点钟睡觉、怎么交朋友、抽屉怎么弄、为房门上把锁或者把钥匙从父母那儿要回来等，一点儿一点儿争取到自己的边界，而不是直接从人生大事出发。只有这样你和父母的关系才能调回正常的轨道。

每一段关系的形成，都会有它的前因后果，每一个心结的后面也都会有它的模式和开解之法。当我们下定决心要改善一个问题时，如果我们能直面真相，清晰地认知自己和别人，就不难找到正确的调整方向。

◇ 第二篇 | **解剖亲密关系**

对的人，在哪里？
在情感里，我们一定要完全真实
第三者的真相
不肯离婚的"正宫"
脚踏两条船的人

解剖亲密关系 | 对的人，在哪里？

对的人，在哪里？

| 恋爱时因为互补在一起
| 结婚后因为互补而战争
| 关系是创造出来的

[恋爱时因为互补在一起]

很多人在选择恋爱对象时，都会纠结一个问题：到底是找一个性格互补的呢还是找一个性格近似的呢？有一种理论说，之所以会产生爱情，是因为两个人差异很大；但也有一种理论说，之所以发生爱情是因为看到了另外一个自己，他跟自己像，所以才会产生爱情。到底哪种理论是对的呢？

实际生活中，这两种可能性都有。像邓文迪和默多克，邓文迪野心勃勃，不喜欢因循守旧；默多克说他看见了另外一个自己，这里面除了被吸引，还有自恋的成分，我很爱自己，所以我觉得我也爱上了你。但相对来说，还是互补比较多，更常见一些。

很多人认为婚姻和恋爱是为了追求幸福和快乐，但我认为有比这个更强的动力,就是追求自我圆满。何谓追求自我圆满?设想一个学佛的人有十个罐子,每个罐子都用于积攒波罗蜜多,十个波罗蜜多都满了就是功德圆满。罐子满了,积攒的人对这些罐子的兴趣就不是很大了,就要去修其他的东西。比如有精进波罗蜜多,一个特别努力特别精进的人,他的精进波罗蜜多不用多久就积满了,但是他可能缺智慧,于是他对同样精进的人就不感兴趣,而对有智慧的人特别感兴趣,他要去弥补自己缺失的这一部分。恋爱中,这种情形也会很明显,很多时候我们希望自我圆满,但感觉自己不能一个人把它活出来,此时我们就需要找另外一个人,把自我缺失的这一部分活出来,即缺什么补什么。所以我们看到,在恋爱中这种互补的现象比一致的现象更多一些。

[结婚后因为互补而战争]

矛盾的是,恋爱时因为互补而吸引的两个人在进入亲密关系后,往往又特别希望对方为自己而改变,变成自己所希望的样子,甚至追求一致性。比如说,结婚之前一个人爱动,一个人爱静,两个人都认可对方的生活方式,可是结婚之后发现问题来了,我想去打球,他却不陪我去,于是就各种磨。磨了之后发现对方依然故我,就开始对对方失望,对婚姻失望,其实是对自己无法改变对方而失望。

这种恋爱时因为互补而在一起,结婚后因为互补而整天战争的根源,也是因为人的自恋。我们的潜意识里存在着追求内在生命圆满的渴望,追求圆满的动力让我们找到和自己不一样的人,但是因为又很自恋,认为我是对的你是错的,你要按照我的来,所以会出现婚姻的战争。

如果大家能很清晰地意识到,其实所有的选择都是很合理的,这些选择里蕴藏着追求自我圆满的动力。明白这个之后，我们就能有意识地向对方靠拢，但这种靠拢不是因为对方的要求，而是我有意识的、有觉知的自觉选择。比如，我本来是一个内向的人，找了一个外向的人，我逐渐让自己向外向的方向走，而之前外向的人逐渐让自己内向的部分觉醒、呈现，这就是很好的结合。

在这个彼此适应的过程中，如果不要求自己，而一味希望对方改变，就叫作自恋。如果想得特别极端，就叫偏执。所以大家要知道，你强烈要求对方如何如何，就是自恋偏执，加上自我为中心。我有一个朋友，很有智慧。他发现大家都希望别人顺着自己，既然这样，那他就先满足对方。结果他发现，当他先满足了别人，别人就更愿意满足他。

[关系是创造出来的]

关于追求自我圆满，我专门写了一篇文章，叫作《谁是你人格的对立面》，这篇文章源自一个故事。我刚做心理咨询师的时候，水平也就一般般，有一个来访者来找我，谈了大概三四次，但我没怎么帮到她。她的问题是什么呢？她是一个非常节俭的女人，而她老公却赌博，于是他们离婚了。离婚之后她一年之内相亲五六次，但是相亲的男人她总是没感觉，她又回去找前夫，他们俩谈条件，谈复婚。她对前夫说，只要你不赌，咱们就可以复婚，而她的前夫说，除了这个别的都可以谈，因此他们无法往下谈，卡在这儿了。

最后一次咨询时她让我给她提点儿建议。通常我不怎么给人提建议的，但这次，我跟她半开玩笑地提了一个建议。我说你也不要那么节俭，你大手大脚一点儿，甚至你也可以去尝试赌博。虽然态度是半开玩笑的，但我心里是认真这么想的。当然赌博可能不合适，但是如果去大手大脚地花钱，尝试一下奢侈，活出她的节俭的对立面来，事情也许会变得有些不同。我这样说了之后，她说，武老师你这样说其实很有道理。她说她丈夫原先是不赌的，他们结婚两年以后他才开始赌。后来我对这件事情进行了反思，这个女人的人生逻辑就是节俭，随着年龄增长，她的节俭度越来越高，在生命内在的系统里，就产生了严重的失衡。生命就需要另外一种动力来与她的节俭平衡，就是我们讲的自我圆满，所以她老公就变得开始赌博。如果说得夸张一点儿，就是她老公用赌博的方式来爱这个节俭的老婆。

虽然听起来有点儿让人费解，但其实就是我们说的，关系是创造出来的，而且所有的人际关系都是互动的结果。在一对关系里，一定是你做了什么或者没做什么，你们的关系才成了现在的样子。那些对伴侣抱怨不停的人可以自己想想，他现在这个样子是你把他变成这个样子的，一定是你做了什么事情，或者你没做什么事情，他才会呈现这种状态。如果你采取和之前相反的态度，跟他调换一下位置的话，他刚开始会很好奇，慢慢地，他就会用另外一种状态来配合你。

有时候，我们的执念太重，以至于活不出自己的对立面来。像上面故事中的这个女人，她来自一个典型的潮汕家庭，她是家里的老大，还有六个妹妹一个弟弟。在这种家庭里，她作为一个女孩儿想获得父母的爱和认可很难，她就通过勤俭持家，帮妈妈分担家务来获得父母的认可。因为她早期用这种逻辑把自己活出来，获得了父母的认可，所以她对这个逻辑非常执着。但是她的潜意识就构成一种对立面，潜意识觉得她作为一个孩子她也想自由一些，也想大手大脚一下，但是她不敢，为什么她不敢？她觉得这么做父母就不爱她了。因为她和自己潜意识隔离得太严重了，所以她老公就把她的对立面活出来了。这种情况，也是恋爱、婚姻中常见的现象。

当我们和自己内在的一部分失去连接，自己无法活出这一部分时，就会通过恋爱的方式把这部分投射出去，找到一个把这部分呈现出来的人，然后和他在一起。因为恋爱就意味着结合，其实我们的本意是希望通过和这个人的结合，把自己缺失的部分补上。但是因为我们又很自恋，认为自己是对的，所以又会排斥这一部分，结果就出现了情感和亲密关系中的很多问题。

一些来访者来找我，觉得自己一直都是天使，老公永远那么糟糕，那么为所欲为，总之就是一个魔鬼。我说你看他为什么做魔鬼呢？因为家里只有两把椅子，一把天使的椅子，一把魔鬼的椅子，你老待在天使的椅子上不肯下来，人家没地儿坐，只能坐在魔鬼的位置上来配合你。你俩换换，你也试试做魔鬼的滋味，也为所欲为一次，也发一次飙，也不负责任一次，试试会怎么样，互动于是就发生了。

所以当你对关系感到纠结和抱怨，觉得"他凭什么要这样对我"的时候，想想你做了什么，或者是不是他的做法其实是你内心一直想做而没有做的，你投射在他身上，把他变成了你想要的、但是你不敢面对的那个自己。

在感情里，
我们一定要完全真实

包容，才能活出那个有攻击性的真实自我
"完美"，是另一种形式的攻击
包容，是有容量去化解对方的攻击
包容，带来美妙的步调一致
敌意一定唤起敌意，而爱则唤起爱

[包容，才能活出那个有攻击性的真实自我]

我们经常说两个人结了婚要彼此包容，这个包容到底是指什么呢？是容忍他一切的不好，就叫包容吗？

在讲包容之前，我们首先讲一讲爱。爱，是最为深刻的情感连接。如果两个人，我戴着一个面具，你也戴着一个面具，我们俩永远都不会爱起来。必须把面具摘掉，把真实的自我在两性关系或者情感关系里呈现，连接才可能产生。既然是真实呈现，自然既要表达爱，也要表达恨；既要表达正向情感，也要表达负向情感；既要表达满意和感激，也要学习表达不满。而且所谓的负面情感其实更加真实。

通常我们所谓的优点，是我们很早就努力出来的一种人格面具，我们觉得有这样的面具，可以让我们更好地与人相处。但那都不是真实，或者说，不是全部的真实。而在情感里，我们一定要完全真实，完全真实就意味着要把那个有攻击性的自我活出来。我们与朋友相处，是与他的优点相处；但是与爱人相处，是与他的缺点相处；必须爱他的缺点，而且是带着很深的觉知去爱，连接才能建立。

要把有攻击性的部分活出来，当然需要包容。两个人的关系要是足够好的话，每个人都能活出有攻击性的自我，活出完全真实的自己。

| "完美"，是另一种形式的攻击 |

可是我们看到，在很多婚姻关系中，至少有一方为了维系这种婚姻关系，总是把有攻击性的自我隐藏起来。这样就会导致一个问题，夸张一点儿说，你感觉自己像是个完美的伴侣，但是对方就是不爱你。隐藏自我的这个人，常常是女性，男人通常不会这么隐忍。我听过很多这样的故事：

有些女人把自己的攻击性隐藏起来，在婚姻家庭中面面俱到，非常地忍耐，自我牺牲，但是她们的丈夫往往并不领情。女人会因此抱怨，觉得除了丈夫不好，自己什么都好；除了丈夫不是完美的，自己的人生就是完美的。但是她丈夫死活不认账。为什么呢？因为她的"完美"是个假人，这些"牺牲"的背后，男人其实感觉不到爱。而且这里面还存在着一种隐形的攻击，她是在用"我很好"来攻击对方，就是因为我很好，所以我们婚姻的问题都是你的问题。

这种绕着弯儿的攻击让人很受不了，而且这其中不仅有绕着弯儿的攻击，还有一种道德上的不平等，我对你错，我高你低。我很好，都是你的问题，你做得不地道。这就一下把对方推到了墙角，没有办法反抗。相比之下，真实呈现出来的攻击性，比如"亲，我对你很不满"或者"亲，刚才发生过什么，我很愤怒"，这样的表达，反而是平等坦诚，更容易被接受的。

但是很多人在婚姻里担心自己如果直接表达攻击性，就意味着将自己处在一种真实的、没有遮蔽的状态里，与对方是一种平等，甚至稍微有一点儿低的位置上，觉得这是挺大的冒险。所以，他们大多会选择将自己的攻击性隐藏起来，而用"我很好，你不好"的方式来完成攻击。结果就是忍的人很委屈，被忍的人很憋屈，两个人最后都很郁闷。

| 包容，是有容量去化解对方的攻击 |

通常我们以为，包容就是忍耐，包容就是把自己的攻击性隐藏起来，但这其实是虚假的关系。婚姻当中的包容，是在包容之前先学会攻击，把自己的攻击性活出来。

只表现好的一面，不表现坏的一面，就意味着我们的"坏"没活出来。亲密关系就像是一个容器，真实的活力通常是带有一点儿攻击性的，这个活力在亲密关系这个容器里流动的时候，我们希望容器是稳定的，这个容器能够承受得住情绪在这儿流动，不会有破裂的危险。而且一旦情绪流动过了，彼此都会感觉很亲密、被信赖、被包容，连接也就更紧密了。所以，包容对方的攻击性才叫真正的包容。

这里，我想起一个特别好的故事。我在广州有一个好朋友，他是一个极其敏感的人。他外在条件很好，但是安全感很差，或者说不安全感非常之高，所以在亲密关系里，一旦感觉到不安他就换女朋友，或者去找女朋友之外的女人。最后一次，他找了一个内心很强大的女人，这个女人后来把他收服了。

怎么收服的呢？特别有意思，某一个节日里，他去了女友家里，但他感觉在女友家里被严重冷落。他憋了一肚子闷火出来，一心想报复女友，找个机会攻击她。于是他对女友说，你知道吗，我是学心理学的，当然这只是他的说辞，他并不是真的心理学专业的。他说从心理学的角度，每个人最应该的状态就是真诚、真实。我现在很真诚地告诉你，我真的对你的身体不感兴趣。

对一个女人来说，自己的男朋友说对你的身体不感兴趣，这是多大的攻击！可以想象，他的女朋友当时非常愤怒，转身就走了。但是过了两天，这个女人又找到他，对他说："我想了想这件事，你说你对我不感兴趣，但我对你的身体就是这么感兴趣。"

女人这样说了之后，男人号啕大哭，因为他的本意只是想报复女方在节日里冷落自己，他在表达他的攻击性，用的是生活中真实的、水平不高的表达方式，所以很伤人。结果那个女人特别强大，包容了他的攻击。这种包容很真实，不是说你来攻击我，我不生气，那简直不正常，她也生气，生了两天气之后又很真实地告诉他："我就是对你感兴趣。"于是，这个男人崩溃了。

这个男人曾经找心理医生做过一年多的咨询，他说他从来没有这么崩溃过。作为来访者，他也会攻击心理医生，但毕竟两者不是利益相关的人，所以攻击总是力度有限，不会激烈到让人受不了。但是在这件事情上，他真实地攻击了自己的爱人，而且这个攻击力很强大，能强烈地刺激对方。在他惯常的理解里，对方一定会还击，而他也准备再还击回去。结果对方没有还击，对方对他表达了包容，所以这个男人立刻就号啕大哭。我的理解是，他婴儿早期的那些创伤，在这次大哭中得到很大程度的疗愈。

这件事情之后，我见到他，觉得很震惊。我当时还不知道这件事，我只是说你变了,他说我哪儿变了,我说我感觉你放松了。他过去是一个紧绷着的人,其实在这次号啕大哭的彻底释放中,他立刻体验到自己被极大地、稳妥地包容着,所以他就放松了。这里所说的"包容",并不是单方面的隐忍,而是有容量去化解对方的攻击。这后面确实需要极为强大的爱。

比如这个女人,她也没有什么技巧,只是非常诚实地面对了自己的内心:虽然你攻击了我让我很愤怒,但是我不得不承认,而且要告诉你一个事实,就是即使你不爱我,我还是非常喜欢你。

[包容,带来美妙的步调一致]

接着还是说这个故事。这个女人包容了一次这个男人很极端的攻击,依然对他坦诚相待,之后,这个男人就变了。他把这种体验用到他的生活中,也表现出极大的包容。他见到我,说:"武老师,我现在的生活中各种关系都在发生转变。我发现人际关系里有一个终极的道理:谁都希望别人顺着自己。"我说是啊,中国人有很大比例都是巨婴,巨婴更是要别人顺着自己,全世界都要围着自己转。他说,既然别人是这么想的,大家都想要这个,我就试试顺着你,给你你想要的呗。

我特别诧异。其实之前,这哥们儿虽然也爱好心理学,但我觉得他不是一个那么容易能获得非常细致、美妙的领悟和体验的人,但他会有一些特别大的领悟,这些领悟很关键,也有很深的智慧。

所以后来,当他和他的前妻出现冲突,他和他的孩子出现冲突,他和他现在的女友出现冲突,包括后来他们结婚了,周围其他人跟他出现了冲突,他都试着用"真诚地顺着你"的策略,首先思考对方到底想要什么,自己想要什么,然后特别真诚地顺着对方。他发现起冲突的常见情况是,他自己想往东，对方想往西。如果是过去，他会觉得自己条件这么好，对你又这么好，比你更有智慧，你干吗不跟我一起向东，于是很愤怒，两人就对着干，想尽一切办法让对方跟自己走。他现在的处理方式是，既然你就是想往西，那我们现在就往西吧，我心甘情愿地跟你一起往西走一段。结果他发现，当他这样做了之后，对方一定会反过来跟他一起再向东走，所以他现在的人际关系里很多张力就变了。

他发现了一个很简单的规律，而且这个规律百试不爽，非常好用：你如果想往西边走，我跟你一起，心甘情愿地往西边走，然后，必然会换取你也心甘情愿地跟我一起往东走。其实这是一个真正改变对方的智慧。但改变别人的前提是改变自己。当你想改变对方的时候，反其道而行之，你去配合他，让他意识到你在顺着他，这个时候他也会调整步伐，于是两个人的步调就非常美妙地一致了。

[敌意一定唤起敌意，而爱则唤起爱]

我的朋友后来总结出三点：第一，在已经获得的关系里，先顺着对方；第二，一定要真诚；第三，无论如何吵闹，都要表达出"我不会离开你"。

比如，在关系里发生了冲突，心里有恨，要表达恨；有爱，就表达爱。但是在表达恨的时候，一定加上这么几句：我现在很生你的气，我现在很愤怒，我很恨你，但是我告诉你我是来找你沟通的，无论如何我都想跟你继续过下去。你不要以为我对你表达了恨就是想破坏关系，实际上我表达恨也是为了我们更好地在一起。要表达这个意思。所以对方知道我无论怎么表达，我都是很爱她的。但有时候这种表达的刺激性很强，对方真的会扭头走，那怎么办？他会再追上去抱住对方，说：你现在在气头上，你认为，为了表达对我的愤怒，你要离开我一会儿，但是我希望你知道，我不想跟你分手，我是爱你的，我希望一直和你在一起。

这点非常非常重要。我们吵架的时候，互相攻击的时候，背后都有一个核心的问题，就是恐惧自己不被喜欢了，不被爱了，甚至被抛弃了。但如果在表达一切之前，你先表达的是：我不管怎么表达对你的攻击，都是为了我们关系更好，都是为了不抛弃你，这时候对方其实就很有安全感。

我在美国一个超市里遇到一对母子，孩子大概一岁多的样子，刚刚学会说话。当时那孩子一直哭，而妈妈则十分着急地在买东西。我不清楚孩子哭的具体原因，可能是因为坐在小童车里，位置很低，他可能看不到上面，他看不到妈妈的脸，很焦虑大人没有关注他，因此哭起来。

如果是中国妈妈，大概的做法就是冲孩子嚷嚷："别哭！你哭什么哭！"或者赶快抱起来哄。而这个妈妈则停止了选商品，蹲下来，平视着孩子的眼睛，然后告诉孩子说："你知道妈妈很爱你，对不对？"孩子的小脸哭得像带露的花瓣一样，满脸都是眼泪，看着妈妈点头。然后妈妈又说："好，你知道妈妈很爱你，你也爱妈妈，对不对？嗯，既然你也爱妈妈，你给妈妈十分钟，妈妈要给你买奶粉，买完奶粉我们就出去。所以这十分钟你不哭，好吗？"孩子居然立刻就安静了下来。

我当时看到这一幕，觉得简直像奇迹一样，一岁多的孩子怎么会知道这些？但是这其实也就是刚才我们说的，人的内心都有一个诉求，希望亲密关系是稳定的，希望这个人是不走的。我又哭又闹，或者说非常暴躁时，其实是因为我很恐惧你会因此而离开我。

但是我越恐惧、越闹，你可能就越要走。所以，无论如何一定要给对方这种信心，在不管对方跟你又哭又闹，还是你要跟对方又哭又闹之前，两个人一定要达成共识，就是不管怎么样，我们两个人都不会离开彼此，我们都待在关系当中。这时候，包容就发生了。这就是爱的真正意义所在。

在这个案例中，妈妈是主动的；我的朋友和他的太太相处的例子中，他们是互为镜子，彼此照见的。互为镜子，就是我见的你是值得爱的，而你照见的我也是值得爱的，而且更重要的是，为了得到你的爱，我先去爱你。这里有两种不同的逻辑：婴儿的逻辑和成人的逻辑。在婴儿的逻辑中，婴儿觉得妈妈才能主动，我只能被动，我要等着妈妈来爱我；但在成年人的逻辑中，为了得到爱，我要先去爱，想得到什么，就要先给予什么。

这是我们从"包容"里延伸的部分：你想要什么先给什么，即敌意一定唤起敌意，而爱则唤起爱。在包容里，最高的境界当然是"当你有敌意的时候我仍然爱你"，但这很不容易。然而作为成年人，当我们想主动创造一种关系时，我们至少应该知道这个原理。

以爱促使爱，其实也就是修行的道理。

第 三 者 的 真 相

"经典款"第三者
插足是竞争、嫉妒、破坏，并非爱
把爱挂在嘴边，只是为了掩饰一个事实

["经典款"第三者]

　　婚外情是婚姻中最容易遇到的困境，现在在中国发生的频率也越来越高。但是在西方社会，如果有了婚外情并暴露后，当事人会快速做出选择，明确到底是要跟婚外人在一起，还是回归原有的婚姻，或者因为婚外情，决定放弃一些什么。而在中国，更多的情况则是不做决定，婚姻不解体，婚外情也一直持续，当事人长期处在三角关系当中，而且每个人都有自己的理由。

　　中国的男人总有一种偏好，要享"齐人之福"，既有红玫瑰又有白玫瑰。但他的太太就没有其他婚外的亲密关系，可能情人也没有其他亲密关系。他其实是这些关系里的最大获益者。而且同样是出轨，西方社会指责的是出轨者本人，但是在中国大家都指责另一个人，就是第三者，大家会对第三者极尽侮辱之能事。

虽然如此，依然有很多第三者出现。那么，到底是什么原因，会让一个人成为第三者呢？到底是什么在吸引他？是不是如大众所理解的道德败坏，一定要去破坏别人的家庭，或者一定是为了情人的钱？

从心理学的角度，这些第三者往往有着自己都不知道的真相。

我有一个朋友的好友，人漂亮，文化程度高，外企高管，收入也很好，各方面都不错，可是她居然成了第三者，而且找的这个男人从各方面条件看都配不上她，对方学历不高，职业是出租车司机。虽然职业没有高低贵贱之分，但是感觉两人实在是不搭。旁人都不明白，她跟这个男人图什么呢？这个男人又没钱，也没什么特长。她说，就是觉得挺温暖。"是因为打车认识的，慢慢地就成了朋友，聊一聊，其实没想和他在一起，就因为他总是跟我说，他和他老婆不太好，我其实有点儿出于同情，觉得这个男人都没有享受过爱情，我就填补一下，刚好我当时也是空窗期。可是慢慢地越陷越深，刚开始觉得自己可以不在乎名分的，到后来发现自己其实非常在乎这个，可是对方是无论如何也走不出离婚那一步，所以我现在非常非常痛苦。"

这个故事里的女人可以算是第三者里的"经典款"之一，她们在无意识，或者潜意识中，追求一种三角关系的竞争。最初她遇到的出租车司机跟她讲自己和老婆关系不好，她就生出"同情"，这个"同情"的后面，其实有一种她自己都没有觉察的竞争心态，就是：你看，那个女人（出租车司机的老婆）没有我好，她没有很好地安慰到你（出租车司机），我可以。

在这种情况下，她的深层心理反应存在着一种女性之间的嫉妒和竞争："我比另外一个女人好，我可以证明给你看。我可以给你爱情。"所以她说的不在意名分，都是表面上的话。说"我没有想竞争"，实际上这样的女人嫉妒心非常之强，但是她看不到自己的嫉妒心。这是很多第三者，特别是女性第三者经常掉进去的陷阱。而且这个陷阱不是别人给她挖的，是存在于她的童年成长经历中，没有被觉察，也没有填补好的陷阱。

[插足是竞争、嫉妒、破坏，并非爱]

我们可以想象，一元关系是没有任何意义的，一元关系极其不稳定，一个圆球，或者一个点。接着是二元关系，两个点，构成了一条线，这条线可以平放，但它依然很不稳定。一旦变成三元关系，构成一个三角，一切就变得非常稳定了。实际上，所有关系里，三角关系是最稳定的。人的天性都希望获得一种平衡感，获得一种稳定感，所以我们都需要构建三角关系。

对于每个人来说，自己的出身家庭就是最初的三角关系，父母和孩子。这个案例中，女孩也在这样的一种三角关系中成长，她和妈妈一起竞争爸爸的爱。如果这部分得到比较好的解决，那么，她对于三角关系的情结就可以得到很大的缓解，以后她就不会这么强烈地要去构建这种结构。这部分怎样才叫作"得到比较好的解决"呢？就是爸爸爱她，爸爸也爱妈妈，妈妈也爱她，相当于在这种三角关系中的三条线都是平均的，而且都很饱满。这样一来她就很平衡，就不会形成一个结。

但假如这种三角关系中各条线非常不均衡，假如爸爸对她的爱胜过爱自己的太太，这就会形成问题；还有更常见的导致三角关系的一个原因是，爸爸爱妈妈，而严重忽视了女儿，或者爸爸不怎么爱妈妈，同时对女儿也严重忽视，女儿就会认为，她之所以没有得到爸爸的爱，是因为她被妈妈打败了，这就构成一种严重的三角关系的情结，会让她在以后的关系里再去构建这样的关系。当她成年后开始寻找伴侣，表面上看起来她是想得到一个男人，实际上她是想通过打败一个女人来得到一个男人，甚至她的核心是打败那个女人，而不是得到这个男人。

所以常常出现这种情况：有些男人因为婚外情离婚了，离婚之后却发现第三者又不跟他了，或者跟了他，两人也没过好。第三者突然变得不像他有太太时那样对他有热情了，而且第三者还会觉得这个男人对自己的热情也下降了。因为在关系里，总是会有投射，实际上是她觉得对这个男人没有热情了，所以会投射成这个男人对她没有热情了。

网上有这样一个故事：一个女生找木子美求助，说自己很年轻的时候，还在读大学或者是刚毕业的时候，去追求一个小官，结果那个小官很爱她，闹得沸沸扬扬的，和自己老婆离婚了；离了之后，这个女生又对那位太太很内疚，然后她就离开了这个小官。

木子美说这个妹子你够狠，你要害人就去害大官，别害这种小户人家，他们也不容易；你把人家拆得家庭离散，最后又觉得这个男人其实没什么水准，然后又离开他了，真是害人不浅。你把这个太太给伤害了，你又把这个男人伤害了。你厉害，就去祸害真正的贪官，最后大家还感谢你。

其实对于这个女生来说，最重要的事情是她要一种"打败一个女人，把她心爱的男人从她身边夺走"的体验，而不是真爱这个男人。其实这就是赤裸裸的竞争和嫉妒。当她真做完这件事，实现了目标，她又觉得很内疚，她觉得自己是坏的。因为内疚，她转过来又要攻击一下这个男人，把这个男人抛弃，然后同时也攻击了她自己，因为她也一无所得。木子美对这个东西看得非常清楚，她很了解，所以她直接对这个女孩说你这是在祸害人家，你真狠，你这么狠，干脆去祸害贪官之类的话。

我们经常说第三者破坏别人的家庭，这个"破坏"只是一种表述，她其实不是要破坏这个家庭，而是在满足或者完成一个她在童年早期没有完成的情节。这个情节就是：打败她的妈妈，赢得父亲的爱。所以在这样的三角关系中，她的核心是因为嫉妒、竞争，而后破坏，并不是为了爱。

[把爱挂在嘴边，只是为了掩饰一个事实]

我一个好朋友，在二十四岁之前做过不下十次的第三者。她有一个男朋友，交往了三年，后来两人分手了。分手之后，这个男人对她说，你知道吗，我真的很爱你，我无数次地想跟我老婆离婚跟你结婚，但是我发现我不能这么做。这个女人觉得很惊讶，说，为什么呢？男人说，你和我在一起的时候，70%的时间谈的都是我太太，所以我感觉你对她比对我用心多了，你对她的在乎胜过对我的在乎，我担心如果我离婚了，你就离开我了。

这里，给做第三者上瘾的朋友，以及找第三者上瘾的朋友，一起提个醒：你要清楚地知道，自己在一段关系里真正要达成的是什么。从这种长期存在的婚外情关系中，你要获得什么？为什么你要忍受这种长期的、没有尊严的、没有任何安全感的、处处充满了危险，而且又极其不道德的情感关系？当你把一切归因为"爱情"的时候，看看这种爱的背后到底是什么？人都特别容易用自己的种种借口来催眠自己，什么"我是为了拯救这个没有爱的家庭""我非常爱这个男人"，或者"我为什么不离婚呢，因为我爱孩子，因为我是一个伟大的父亲/母亲"，等等。其实都不是。在我们刚才讲的这几个故事里，其实真相就是嫉妒，真相就是破坏。

这也许是第三者的"中国特色"，她的核心其实并不是真的由衷地感觉到她对这个男人有多爱，她只是出现了一种破坏性的竞争欲望。从心理医生的角度讲，这些做第三者上瘾的朋友，以及找第三者上瘾的朋友，只把"爱"挂在嘴边，其实这种"爱"的名目只是为了掩饰一个事实：你就是在嫉妒，你就是在竞争，就是在搞破坏。是内心没有被满足的一种缺损弥补。

想要自己幸福快乐的人，就不要陷入这种丧失基本尊严的"关系弥补"中。在生活中注意学习，更多地去提升自己，成长自己，学习用更有价值的方式把自己心理的缺损补上，才能拥有自己想要的人生。如果能有觉知地关注自己早年的成长经历，自行地，或者在专业人士的帮助下，调整好女儿跟父亲、儿子跟母亲的关系，那么在应对情感问题的时候，你就可以更理智、清明，更早地收获属于自己的幸福家庭。

不肯离婚的"正宫"

家破碎了，世界就会分崩离析 |
我要虚幻的面子，而非真实的人 |
我要报复你，坚决不离婚！ |

[家破碎了，世界就会分崩离析]

  现在有很多出现了婚外情，却既不离婚，也不修复的婚姻。这些家庭长期处在这种关系当中，每个人都有自己的理由：原配说我是为了孩子，不能离婚；出轨者说因为我不想伤害我的家庭，我也不想伤害家庭外的人；第三者说我是为了爱情。每个人都有自己冠冕堂皇的理由。

  我看过一种解读，似乎在这样的三角关系中，原配和出轨者形成了合谋。夫妻两人知道自己婚姻的漏洞很大，但他们不去弥补，他们让一个第三者的感情来补。第三者存在之后，原配就有了充足的理由用内疚来控制出轨者，说你对不起我，所以就更不能跟我离婚，我们又是为了孩子。出轨者会因为愧疚，反而家务多做一点儿，钱多给一点儿，表示自己还是愿意对家庭负责的，至于其他的，就睁一只眼闭一只眼，黑不提白不提就这么过下去。

但我不觉得在三角关系中，原配与第三者形成了合谋，也不认为原配想用这样的方法，让自己的丈夫或者让第三者感到内疚。我认为在这样的三角关系中，原配一直选择在这个关系里待着，拿孩子作为理由，只是一个表层原因。在这个原因的后面，有一个她自己意识不到，或者意识到了，但不敢面对的更深层次的原因：不安全感。也就是说，原配选择在三角关系里待着，不肯从婚姻里走出来，是因为她内心很匮乏，她没有安全感。

她觉得如果婚姻破裂，她整个人也会四分五裂。为了维持这种表面形式上的家庭完整，她选择忍受屈辱和内心的痛苦，以此来维系她的面子，维系她破碎的自我，保持一种完整感。因为这样的原因，原配不容易走到离婚这一步。她们通常说是为了孩子，那个孩子其实是她自己内在的孩子，也就是她自己。如果考虑离婚的话，她会有一种很深的恐惧，她的整个世界就崩塌了。在我经历的个案中，原配迟迟不提出离婚，这是主要原因。这个原因胜过她爱自己的丈夫，也胜过为了孩子，列在第一位。

可能很多人会对此心存疑惑，觉得这种情况出现在古代的可能性比较大，现代社会，一个女人只要能自己独立，带着孩子也是有办法生活下去的，会是这个原因吗？其实对于这些没有安全感的人来说，物质上的匮乏并不是最难解决的问题，基本的生活资料，在现代社会已经容易解决多了，特别是女性，如果有一个比较稳定的工作，总不会没饭吃。这里所说的不安全感，是心理上的不安全感。

我的一个女性来访者，她自己是亿万富翁，她的企业做得非常好，而且她的各种生存状态也都非常地好，但是她老公出轨后，她就是不能够提出离婚。她告诉我这里面的原因。她说，自己创造了一个完美的世界，有一个完美的企业，有一个完美的家庭，如果我离婚了，这个完美就不存在了，所以，她宁愿维持一个形式上的完美，就是不向离婚的方向走。当然她老公也不想跟她离婚，因为钱都是她挣的，家也是她养的。她老公挺现实的，觉得我这边好好地维护，那边还有婚姻外的激情，很好。这个女人的理由，我们听上去觉得很难认同，觉得她太追求形式上的完美，也就是终极地追求面子，而不惜让自己活得很虚假。

她选择这样虚假地生活，是因为她的内在自我非常破碎，里面是空的，没有支撑。如果这个家庭破裂了，她会感觉整个世界分崩离析，这是一种很深的恐惧，不是简单的金钱、物质能消除的。她心底的自我是非常非常脆弱的，这种心底的分崩离析对于她是一种很恐怖的、无法忍受的感觉，所以她很害怕面对。因此，一些原配即使被出轨了，这段婚姻对她已经是一种极大的消耗和折磨，也迟迟不愿意离婚。

[我要虚幻的面子，而非真实的人]

关于为了面子不离婚的故事很多。这个故事没有涉及第三者，纯粹是因为面子。我的一个外国朋友找了个中国女人结婚。开始两人还谈得挺好，但两人一起过日子，差异就显示出来了，问题越闹越大。结婚四十多天时，两人打了一架，这个女人就离开了。这个朋友来找我，说："武，你看我好悲惨，我跟一个美女才生活了四十多天，我人生履历上就要写上'离异'两个字。"

结果他发现，更悲惨的是，他想离婚还离不了。那女人家很有钱，她满世界做公益活动，不回来，不搭理这个男人，也不跟他离婚，所以他离婚遇到很大的困难。我的朋友哭丧着脸跟我说："武，你说她至于这么折磨我吗？"他不明白："这个女人恨我恨到这个份儿上！我也没有伤害她呀！她为什么就这样呢？"

有一天，他突然收到这个女人给他写的一封电子邮件，邮件上说："我爸爸给我写了一份遗嘱，我可以分得很大一笔财产，我也要给你立一份遗嘱，万一哪一天我死了，我这笔财产归你。"我那朋友非常感动，觉得这个女人还是很爱他的，于是给她写了一封几十页的信，为了表达情意，不用电子文档，直接用手写，并把自己的照片发给她。但此后，那个女的依然杳无音讯，依然不搭理他。后来他从别人那里知道，他的太太把他的照片放在相框里镶起来，放在自己家里和办公室里，对别人说这是她的丈夫。别人都说"你先生挺帅的"，她就说，他不光帅，还很有才华，在中国事业非常成功，人也很好，等等。

而他那几十页的信呢？她直接就放到碎纸机里碎掉，完全不理会。我的朋友感到很困惑，他说："武，她到底在干吗？"

我的理解是：这个女人要的，只是一种虚幻的面子，而不是一个真实的人。或者说，她不相信自己能拥有一个真实的人。当没办法从心底真正拥有一个人、没办法在情感上真正拥有一个人的时候，那么在形式上拥有一个人，他是自己的丈夫——法律上的丈夫，也能让她有所安慰，让她感觉自己就像牵线的风筝，虽然满世界飘，但可以假装还有那么一根线牵在某个人的手里，虽然这根线脆弱得不得了。

有人觉得这个女人听上去挺变态的，至少她对我朋友的行为挺变态的，但我能理解，她其实是非常非常脆弱的，她就是要这种形式上的某个人跟她有一点儿连接。

| 我要报复你，坚决不离婚！ |

在安全感和面子之外，还有一个很多原配不肯离婚的原因是深深的报复和嫉妒。很多女人会这样想：我通过坚决不离婚把自己毁了，把你们也毁了。

当然，有这种报复性心理的人，首先是安全感很低的人。她有很深的恐惧，如果这个家散了就如同自己也崩溃了，所以她会产生很强烈的报复心，说，大家同归于尽，我也不会撒手。你不是要跟我争吗？你不是要来攻击我吗？你不是要来嫉妒我吗？那我就要把你毁了！这种心态下，就会引发一些非常可怕的事情。

我的心理医生朋友就遇到过三个类似的个案。一个家庭，妻子非常贤良淑德，总是忍让，男人出轨后，觉得自己找到真爱了，就很轻松地和妻子提出离婚，而且他认为离婚很容易达成，因为妻子一向很好说话。结果他向自己的妻子提出离婚的瞬间，妻子把孩子叫过来，当着老公的面，猛打孩子。

这样的妻子真是很可怕。她的心里一定积压了特别多的怨恨，她打孩子的意思就是：我对你那么好，我做了这么多忍让，你还这样对我，所以我要报复你！我过不好，谁都不会有好下场！这是有点儿玉石俱焚的做法。如果一个妻子处在这样的境地，我想她最需要的，是看到自己忍让、怨恨后的恐惧，同时充分意识到自己的报复可能引起的对无辜者，比如孩子的伤害，然后寻找其他更好的解决方式。

如果心里的恐惧特别深，确实觉得如果一离婚，一撒手，自己就碎了、灰飞烟灭了，那我想她确实需要专业人士帮助，比如找一个专业的心理医生陪她度过这个难关，这是很重要的。这样她才能在自我相对完整的状态下，去面对这样的三角迷局，面对可能发生的离婚，或者面对财产大战。否则，以这种碎裂的内在状态，她是没有力量去应对这些的。除心理医生之外，她还得再找一个很有经验的律师。心理医生的好处就是帮助她面对自己真实的情感、真实的情绪，而经验丰富的专业律师可以在法律事务上帮助她。而且这种经历过离婚大战的律师也会知道无数的故事，甚至比心理医生的故事还要多。这对于缓解当事人的焦虑情绪也会有作用。

如果一个妻子在丈夫出现婚外情多年之后，自己深受折磨，还不采取任何行动，那么，她可能需要回顾一下自己的成长经历，思考一下童年时期的自己跟父母的关系，寻找当年所感受的委屈的缘由，以及通过自己的努力去面对、修复、弥补。当你与这种关系和解的时候，才能真正地面对现在的困扰。

脚踏两条船的人

既要稳定,又要激情 ｜
透过爱情的镜子,成为更好的自己 ｜
狡兔三窟,才有安全感 ｜
与其等你抛弃我,不如我先伤害你 ｜
在关系中解决问题,才是有意义的 ｜

[既要稳定,又要激情]

  在我们通常的概念里,出轨者往往是男人,其实不一定。从统计学上说,男人和女人的出轨总量是一样的。所以这里说的出轨者,并不仅指男人或者仅指女人,是指在婚姻里出现了外遇的人。

  随着现代通讯的发展,想认识陌生的异性变得非常容易,微信、漂流瓶、陌陌、摇一摇,甚至一些打车软件,都带有荷尔蒙社交的性质。社交网络的发达,让"出轨"变成了一件特别容易、成本很低的事情。在咨询的很多个案中,出现出轨、第三者这样的家庭问题也挺多的。因此就有人感慨地说,不知道现在的人结婚还有什么意义?

其实，在不同的时代、不同的宗教信仰、不同的社会文化背景下，结婚的意义的确是有区别的。我们现在对于结婚意义最普遍的解释包括两点：第一，结婚是找了一个合法的性交对象；第二，婚姻就是一个契约。现代社会，个体在性关系中的自由度比从前高很多，获得途径也多了很多，出轨当然就会变得更容易；但同时，我在咨询中也一再看到，情感破裂对一个人、一个家庭的伤害极大。

这就构成了一对矛盾。一方面，人的生物性本能在追求更多、更好的性伙伴，但是同时人又很脆弱，希望关系很稳定，希望感情不被破坏。出轨这件事情就是这个矛盾的具体体现：一方面，出轨者希望自己的家庭是稳定的，他们不希望因为出轨这件事情破坏家庭的稳定与平衡；另一方面，婚外的激情，这种能让他找到存在感的状态又非常吸引他，他也希望拥有比"稳定"更多的体验。所以一边希望稳定，一边希望更多。

| **透过爱情的镜子，成为更好的自己** |

那么，在这样一对矛盾中，人有别于动物的"情感"因素，就很值得我们探讨。关于情感部分，人存在着与动物的明显区别。尽管很多人不承认，实际上，人在情感中挺容易受伤的。文学作品中，90%的创作主题都是关于爱情的。在心理学中，关于爱情有一个很经典的比喻：两个谈恋爱的人或者两个在爱情中的人，其实他们互为镜子，我从你这面镜子里照见我是谁，你从我这面镜子里照见你是谁。而且一个人能够把爱活得多好，通常由他的自我完善程度决定。爱情和人格完善是一件相辅相成的事情。你的人格越完善，你就越有可能活出一份很好的爱。同时，当你活出很好的爱时，你的自我完善就变得越容易，因为你从对方的这面镜子中照见的你是好的。

也就是说，你的人格越完善，你就越能够获得高质量的爱情；而高质量的爱情会反哺或者反作用于你的人格完善，你透过爱情这面镜子，成为更好的自己。因此，爱情，或者说亲密关系，其实有其非常深刻的部分，而不仅仅是我们所想的爱情是找一种稳定。

如果从生命的成长历程中去寻找爱情的发轫，可以从一种最简单的关系——母婴关系开始。人类第一个爱上的人都是自己的妈妈。母婴关系里，对婴儿来讲，妈妈就是他的第一面镜子。在这对镜像关系里：第一，婴儿需要从妈妈这面镜子里照见自己的存在，有妈妈稳定的存在，婴儿才会有一个稳定的自我；第二，婴儿需要从妈妈这面镜子里照见自己是受欢迎的，有这样的感受，婴儿就觉得自己是好的，自己是值得爱的。所以，心理学中有一种非常流行的说法：妈妈最好陪伴孩子成长到三岁，相当于对孩子来说，在自己生命的前三年，妈妈一直是稳定的存在。妈妈不仅稳定存在，而且陪伴也很有质量，这样的孩子就有一个健康的心理基础。如果这三年，有一个足够好的妈妈来养育孩子，孩子的未来就可以免于心理疾病的折磨。

当然，这并不是说这样的孩子在成长过程中就不会有痛苦。他依然会有痛苦，会遇到挫折、打击、障碍，会有自己的纠结、难受、沮丧等困境，但是这些挫折都不会把他打垮，都不会形成心理疾病。从生命的前三年开始，我们就要有一个稳定、有质量的爱的关系，在这个关系里持续地照见自己是好的。

| 狡兔三窟，才有安全感 |

在长大后的爱情里，我们也一样，需要有一个稳定的关系，并在关系里照见自己是好的。现在出轨的情况变得越来越多，除了人的生物性原因外，

还有另外一个原因，即我们早期的成长经历不够理想，大部分人在自己的婴幼儿时期没有得到足够好的陪伴，没有形成足够的安全感，因此在情感上太脆弱，不敢相信别人，也不敢付出自己。如果在母婴关系里，包括早期和父亲的关系里，一个人的情感受伤太多，就会导致他成年后很害怕进入一种稳定的婚姻关系，或者一段稳定的情感，这就是所谓的"不安全感"。

从这个角度而言，出轨者的心理反应是这样的：如果我只和一个人谈恋爱，或者只有一个亲密关系的伴侣，相当于我只在一条船上，那么，如果这条船翻了，我就可能被淹死；如果我脚踩两条船，甚至脚踩几条船，狡兔三窟，那么这条船翻了，我还可以有另外一条或者另外几条备用的船。这是很常见的解释。

在这个"翻船"理论之外，还有一个原因让一个人选择将自己的情感分散在不同的关系里。在爱情或者亲密关系里，双方都是彼此的镜子。如果将自己只放在一面镜子前，如果这面镜子照见我是个魔鬼怎么办？如果它照见我是荒淫的怎么办？所以现代人出现这样的分裂：混乱的性关系，既不能全心投入地爱，又不能干脆利落离婚姻，随时可能离开的"爱情"。把爱、婚姻、性这三者都分开，是现代人很常见的生活状态。

甚至有人会把这种分裂美化：之所以要分开，是因为我担心，把这三种面目都呈现在一面镜子里的话，对方会不接受自己。所以，我把婚姻和责任放在家庭里，婚姻就仅仅满足了稳定、有物质；把爱情和性放在婚外情上，甚至婚外情中也不是全部的性，性再分散到可以随意放松，可以什么都不用考虑。

于是本来应该合而为一的"情感"整体，呈现一种很分裂的状态。为什么要分裂呢？就是因为他担心在一面镜子里，在和一个人稳定相处的关系里，自己会被排斥。这种担心被排斥，也可以理解为首先是自己排斥自己，因为他对自己是不满的。可能在他的早期生命中，因为没有被养育得很好，所以有了分裂的心理机制，等长大之后，一旦涉及亲密关系或者很重要的情感，他就不自觉地又采取这种分裂的方式去处理。

| 与其等你抛弃我，不如我先伤害你 |

关于出轨，还有一种更简单、更现实的解释：人在情感中，其实是很脆弱，很容易受伤的，与其我在感情中受伤，不如干脆让你受伤。

比如，一个男人和一个女人，他们在恋爱的时候，就有一方不能够专一地保持在一对一的关系里，他要到外面去找。我听过很多这样的故事，两个人在谈恋爱，一旦出现了争执、吵架，一方就感觉到不安全，认为对方有一点儿不接纳他（她），于是就再找一个。

因为，我很担心，我和你谈恋爱，我爱上你，但是如果你抛弃我了，那我怎么办？如果你抛弃我了，我就感觉自己会死掉，所以我要赶紧再找另外一个人，就好像不能把鸡蛋放在同一个篮子里，我也不能把我全部的感情放在同一个人身上。

其实很多我们说的"花心的人"也是如此，他会非常担心，把所有的感情给了一个人之后，如果得不到对方的全部感情作为回馈，他该怎么办。比如闹出艳照门的陈冠希，很多男人很羡慕他，简直要把他当偶像，说什么"生子当如陈冠希"之类的话。但是实际上，陈冠希真实的状态是他活得并不开心。他小时候父母就离婚了，但对他隐瞒多年，等他很大后才告诉他，他当时就很崩溃。在谈恋爱的早期，他的女朋友又跟他最好的朋友上床，这件事对于他的三观造成了毁灭性的打击。所以，后来他就用这样的方式来处理自己的情感生活，其实在这么混乱的方式里，存在很强的报复性心理。

当然，我这样讲是基于我对他的观察和推测。陈冠希有一首歌，那首歌收录在他的一张唱片里，唱片的英文名叫作 Please steal this album，翻译过来时它是有歧义的，可以叫作《请偷走这部大碟吧》，也可以翻译成《请偷走这部相册吧》。我认为陈冠希是有意的，至少是潜意识里有把那些艳照给泄露出去的意愿，以此来显示女人都很贱，她们就是他报复的对象。而且在这首歌里，有几句歌词是"你走就走吧，小心你像一个傻子一样从房上掉下来"，就是你们想离开我就离开我吧，但我会玩死你们。看得出来，这里面其实含有强烈的愤怒。他其实是用这样的方式来攻击当年抛弃他的女人，他用这种滥性的方式来证明女人都不是好东西，女人都很贱。崇拜陈冠希的那些人，通常也存有这种心态，他们觉得女人就是性工具，女人不应该去爱，如果爱上了女人，他就觉得自己很贱。这其中含有这类人很多伤害性的体验。

这也就是为什么在网络上，承受语言暴力的大部分都是女性。因为在我们的生活中，有大量这样的男性存在，他们其实对感情有强烈的不安全感，甚至很多人在感情上就没有得到过被呵护的体验。比如那种"键盘侠"，看到某明星出轨就跑去骂那个第三者，其实这事儿跟他有什么关系呢。这就是一种投射，在这个过程中，他表达的是对自我生活的不满和缺损的一种愤怒。

| 在关系中解决问题，才是有意义的 |

当然，每个人都希望拥有幸福美满的感情生活。作为出轨者本身，如果能够意识到自己出轨的原因，可能是因为自己人格不完善，那么怎样做出改变呢？

在很多时候，人只要认识到自己的问题，有勇气很深刻地反省自己，那就意味着有自我负责的能力。其次，尽可能地让一份感情保持稳定，这很重要，这相当于我们在一段关系中解决问题。精神分析中有一个术语叫作见诸行动，意思就是：当有一种情绪，特别是负面情绪，在自己心里涌动的时候，如果你承受不了这种情绪，在自己心里包不住它，就会立刻把它变成一种行动。例如：我喜欢一个人，而这个人没有表现出对我足够的热情，我立刻就会愤怒，我需要在心里化解愤怒，让这种情绪流动。但是如果我的心理包容能力很差，我就只会立马把它变成行动，比方我去找另外一个异性，以此来攻击你一下。那么，可以想象，这种情感关系根本就稳定不下来。

曾经有这样的来访者来找我，他们来找我之前已经见过十几个心理医生。其实这样的人与人相处的模式就跟谈恋爱是一样的，他通过抛弃十几个心理医生来攻击那些心理医生。我对他说，你之前已经抛弃过十几个心理医生，看来对你来讲，建立一种稳定的关系挺不容易的，我建议我俩先试试。如果你对我的专业能力不满，或者你觉得我的职业道德有问题，可以直接结束咨询关系，因为这两方面都是咨询工作的大忌，没什么好说的；除了这两种情况，当你想跟我结束关系的时候，你告诉我一声，你可以坦然告诉我你对我的不满。

把这个先决条件说清楚后，我希望他可以尽情地在这次咨询关系中真实呈现所有的东西，讨论所有的问题，表达所有的感受。如果一份爱情能够承载完全的真实，它会是非常棒的，也就是说两个人可以坦然表达所有的正向的情感，也可以坦然表达所有负向的情感，这个亲密关系的容器里，可以承载两个人所有密不可言、无法启齿的部分。如果这样的话，这份亲密关系对双方都是一个很深的疗愈。

所以对于有家庭的出轨者来说，如果你现在还有一段婚姻关系，在这段稳定的关系里，为了疗愈自己，你要做的不是去切割它，而是把自己重新放回到这段关系中，在关系中解决关系里出现的问题，这才是有意义的。

在婚姻里，一段非常稳固的情感，有时候甚至能包容所谓的"出轨"。但是我们知道，这很不容易。通常，一旦出轨就意味着这段稳定的婚姻关系要完蛋了。但如果两个人真的很相爱，两个人觉得过去有很好的基础，那么，即使是出轨，也是可以去好好探讨的，而不是一拍两散；甚至可以说，如果有出轨这样的事情发生，那么亲密关系中两个人所采取的行动、应对出轨这件事情的态度、彼此的面对方式，才是真正考验感情，真正检验之前的婚姻质量的"试金石"。

◇ 第三篇 | **如今的中国女人**

"公主病"病号的幸福密钥
为什么好女人都被剩下了？
女性单身真的那么可怕吗？
爱购物，为哪般？
成为"不招人待见"的妻子需要几步？
什么样的女人才是真的强大？

如今的中国女人 | 为什么好女人都被剩下了？

"公主病"病号的幸福密钥

> 中国流行"公主病"
> 女人就应该被照顾吗?
> "公主病"的由来
> 辨识自己的行为指向,带着觉知去做"婴儿"和"妈妈"

中国流行"公主病"

现在的女性教育出现了两个极端。一个极端是强调男女平等,"女人能顶半边天",于是家长把女孩当男孩养,男孩上培训班学什么,女孩也同样学什么,不能输在起跑线上;另一个极端是强调女人要依附男人:"你要当一个淑女,将来嫁得好,才能活得好。"所以女孩从小到大都要富养。

但是现在很多家庭培养出来的女孩,既没有传统女性的"贤良淑德",也不够现代女性的自主独立。很多女性从和男人发生性关系开始就认定:"你欠了我的,我把一生都托付给你了,你要对得起我!"所以我们看到,很多女孩都有非常骄傲的"公主病"——结婚以后不但什么都不做,而且还有很多抱怨。

现实生活中，很多女孩对付男人的方法都是妈妈教的。我的一个朋友，妈妈这样告诉她："你跟男人在一起不能吃亏，应该让他使劲给你花钱，这样你才能看得出来他是不是足够爱你，或者通过很多手段来试探他。"我就问我朋友："在你家里，你妈妈也是这么对你爸爸吗？"她说："对呀，我觉得我爸跟我妈的关系也是这样。说心里话，我是比较心疼爸爸的。"

网络上，关于中国两性关系的段子很多都是在讲男人要做"二十四孝老公""二十四孝男朋友"，女人要当作公主来养，男人要无限制地满足女人的情感需求等，这其实是对"公主病"的一种极端表达。金庸的小说里那些让人印象深刻的女性形象，很多都有"公主病"。黄蓉和郭靖最初交往的时候，黄蓉就在做"公主"。"我想怎么样就怎么样，我说不要就不要，你给我的好东西，我说毁了就毁了"——就是这种感觉。《倚天屠龙记》里的殷素素和张翠山，一个是"魔女"，一个是典型的好男人，"魔女"想怎么样就怎么样，男人只能无限制地包容，最后他们还产生了很深的感情。我还看过一个由古龙小说改编的电影，里面有一个女孩，大概十几岁，见男人就打，想骂就骂，而且还让人觉得很可爱。

有人觉得这是阶段性现象。在恋爱中，可能这样的女人让男人感觉带劲儿、有存在感。其实中国的文化当中，一直都存在这样的传统。比如我们熟知的《白蛇传》，白蛇看上去是一个温柔贤惠、无所不能的"超级妈妈"，但实际上她骨子里是"为所欲为"的。在中国文化里有这样一种搭配——一个好男人配一个"妖女"，"妖女"可以被包装成一个温柔无私的女人，也可以成为一个"公主"。如果经过包装，她就是"白娘子"，如果没有包装，她就是一个骄傲的"公主"。

女人就应该被照顾吗？

我有一个女性朋友在美国机场拿行李的时候，发现没有男士主动帮自己把行李从传送带上拿下来，周围一些美国的女孩子也特别的"女汉子"——都是自己把行李"哐哐"地往下拽。朋友这才知道，国外和国内不一样，于是就自己把行李拉了下来。

后来她从芝加哥飞纽约，箱子太重了，实在拿不了，这时候旁边有位男士过来说："需要我帮助吗？"朋友马上觉得这位男士非常绅士。她说："在美国这么多天，这是第一次有人主动帮我，我觉得你特别好。美国是不是没有这样的文化——男人要帮女人？"帮助她的男士说："不，如果你需要帮助，要说出来。你可以说'你能帮我一下吗？'，一定会有男士过来帮你。但是不说的话，大家会觉得你自己可以解决。"

她后来了解到，在美国，男人对女人的帮助不是理所应当的。她有点奇怪，在咖啡馆里跟一个美国男人聊天，说："为什么你们国家的男人没有把女人看得很娇弱，觉得需要照顾呢？"男人很奇怪地眨眨眼说："不都是人吗？又不残疾，为什么非要别人帮助你？我们喜欢健康的女性！"所以美国的女性会经常做运动，把自己晒成小麦肤色，觉得有活力才性感，而苍白、柔弱，是病态的，是不性感的。

朋友告诉我说："传说中的英国绅士、德国人、法国人等，都对女人很好。但如果你真的和他们谈恋爱就会发现，他们吃饭是 AA 制的，如果希望对方埋单，要先提出来；并且不能随便使性子，如果你随便使性子，他们可能会立刻翻脸。有一次，我的一个朋友和一个德国男人约会，她在过程中不断地看手机，那个男人就很生气，说：'你是在和我约会吗？'后来那个男人就真的不理她了，对此她还觉得很惊讶。如果放在中国，这种情况根本不算什么。"

她得出结论——西方男人看起来很绅士,但实际上是建立在平等独立的基础上的,而且他们不会纵容你,不存在你越"作"他们越感到快乐,更不存在"我的定理永远都是错的,女人的定理永远都是对的"这种说法。

而中国的那些情感专家们教给大家的都是:女人如何示弱、如何有心计、如何用自己的弱势来套牢男人,甚至有些女性明明可以在外面"呼风唤雨",可是当她和男人在一起互动的时候,却把自己表现得很弱智、很顺从。因为她们觉得中国男人就是被动的、消极的,她们需要从女人的崇拜里获得价值感。

清朝人写的《二十年目睹之怪现状》里面提到一个总督。有人想贿赂他,送给他一位美女,温柔又善解人意,可是总督似乎不喜欢懂事的女人,后来又送了一个村姑给他。村姑干什么都不管不顾,吃完饭后还用舌头舔一下盘子。总督就笑吟吟地看着村姑,充满了满足感。

为什么总督不喜欢懂事的美女而喜欢疯疯傻傻的村姑呢?我的看法是,村姑如同婴儿般的举动,勾起了总督做妈妈或者是做父亲的保护欲。也可以这样理解:总督心里也住着一个没有被满足的婴儿,但是我们的文化要求男人成为比较压抑的形象,所以男人通常要控制自己的情绪,他们想把自己当作婴儿活着,却活不出来,所以当他找到一个现实中的婴儿时,会觉得很有亲密感。

["公主病"的由来]

中国男人需要女人崇拜,所以"公主病"也可以解释为——女人一直在做"小 baby",而男人在做一个"父亲",但实际上他是在做一个"妈妈"。中国人在谈恋爱时，总有一个人在做婴儿，而另一个人在做"妈妈"。前文我们谈到"妈宝男"时，是妈妈在做"妈妈"，儿子在做"宝宝"，但在两性关系里，男人也做照顾者，也就是"妈妈"的角色，而女人则在做"小 Baby"。

很多"公主病"特别严重的女孩，常常是没有得到父母足够的爱。心理学上有个基本的假设叫作"退形"，在恋爱的时候人们会退形，关键是你会退形到什么程度？在中国，女人一旦恋爱，就会退形成婴儿。

为什么会退形到婴儿呢？因为她在婴儿时期得到了满足，或者严重地没有得到满足。所以会再回到那个年龄，重新弥补缺失的东西。表面上我们会认为，"公主病"是被家里惯出来的，但是以我的经验来看，"公主病"情况较为严重的女孩，是在家里没有得到满足的。

按照心理学"精神分析"的理论，恋爱分三个级别。第一个级别是一岁前的"口欲期"，第二个级别是一岁到三岁的"肛欲期"，第三个级别就是三岁到六岁的"俄狄浦斯期"，或者叫作恋父恋母期。一旦到了三到六岁这个时期，我们就会要求平等、竞争、独立。

一岁到三岁的心理特点是"控制"，一岁之前的心理特点是"剥削"——婴儿对妈妈的需求，是带着剥削性的。婴儿会觉得"你是我的，是我自身的一部分，我想怎么对待你就怎么对待你。我要吃了你、为所欲为地对待你"。在婴儿不会说话的时候，如果妈妈足够敏感，是可以感觉到婴儿这一需求的。

"公主病"其实是女人在恋爱中退形到一岁之前婴儿的状态，她有强烈的剥削性的成分——"我之所以设置这么多底线，不停地突破你的底线，不断地'作'，其实是我想证明，你到底是不是一个愿意被我剥削的'妈妈'。"这其实是一种"施虐"的关系。中国小说里经常出现带有这种色彩的女性形象，甚至比白娘子的形象还要鲜明。如果白娘子只是刘慧芳的这种形象，贤良淑德，她不会成为一个强有力的形象。白娘子是一个无所不能的、很温柔的妈妈，同时她又是一个敢爱敢恨、为所欲为的女人。金庸小说里也有，比如小龙女和黄蓉，甚至黄蓉的形象要比小龙女还典型。黄蓉是一个非常好的母亲、妻子，但是恋爱的时候，她就是有"公主病"。

[辨识自己的行为指向，带着觉知去做"婴儿"和"妈妈"]

有的女孩会说"对啊，我就是'公主病'，但我现在已经回不去了"。还有的女孩觉得"中国男人显然很吃这一套，我这一招在恋爱中是百试百灵的。我不打算找外国人，我就愿意折磨中国男人，我觉得这样挺好。"她们相信越会"作"，越能赢得男人的死心塌地。

我建议这样的女孩不要"作"得太久。事实上，如果你成为被大家交口称赞的贤惠女人，其实挺惨的。反而做一个挺"作"的公主，有时感觉挺带劲儿，甚至男人也觉得很好。但是不要"作"太久，因为对方总会有受不了的一天。

几乎每个成年人心里都住着一个婴儿，女性是这样，男性也是这样。彼此心里都有一个婴儿需要照料、成长。恋爱时，他可能需要一个女儿，但是结婚之后他需要的是一个女人，或者母亲。真正进入婚姻殿堂之后，男人是需要你去包容他、呵护他、满足他的。因此，我们需要让成年的自我快速成长，去照顾那个没有被充分满足的"婴儿"的自我，而不是把这些愿望一股脑儿地投射给身边的伴侣。如果要求男人既是你的老公，又是你老爹，还是你的奴隶，这种关系早晚会失去平衡。

如果女性自我觉察到自己有"公主病"，怎样让自己快速成长起来呢？

首先，我们需要注意自己的"行为"，并辨识哪些行为是出于自己的真实需要，哪些行为只是在找一个"妈妈"，弥补自己童年没有实现的渴望。对于自己的行为观察越细致，就越能明晰自己行为背后的指向；对于自己的了解越透彻，就越能更好地照顾自己，越能有效成长。这是一个很好的方法。

其次，是两个人都带着觉知去做"婴儿"，也带着觉知去做"妈妈"。相互包容，相互替换，轮流来，有时候对方做"婴儿"，自己有意识地做"妈妈"；有时候自己做婴儿，接受对方的照料和滋养。对于做惯了"婴儿"的人，这样的角色互换也许一开始难以接受，但是只要有意识地去做，慢慢地就会适应。我们叫它"恋爱的双人舞"——在陪伴过程当中，经常进行角色的互换和调试，这样的关系才是最美妙的。我有朋友领悟到这种美妙，说"被哄者得以一时，哄人者得以一世"。

最后，切记两性关系相处中有非常多的智慧，但所有的智慧都源自"自我觉知"。希望通过自我觉知的修炼，曾经的"公主病"和"妈宝男"们都能收获属于自己的幸福生活。

为什么好女人都被剩下了？

女孩太优秀，就会被剩下？
妈妈说"你不要结婚，不要生孩子"
美满的婚姻需要先跟自己的父亲和解
其实"想嫁的都嫁了"

[女孩太优秀，就会被剩下？]

前几天我和一个朋友聊天，她说："我周围有很多特别出色的女孩，收入高、长得漂亮、见识广；去过许多国家，还会说多种语言；在职场上，履历都特别漂亮。但就是有一点——单身。问她'为什么不愿意结婚？'她说'我不想将就'，好像保持单身是一种骄傲。可是，如果再跟这些女孩子深聊，她又会说'我单身，是因为我找不到好男人，好男人都结婚了'。"

这样的女孩子被称为"剩女"，与之对应的是"剩男"。一般来说，一直没有谈过恋爱的大龄剩男，身上总有各种各样的问题，也就是我们所说的"病得特别严重"。也正是因为这样，他们才一直没有亲密关系。而"剩女"们则似乎特别无辜，自己并没有什么毛病，却被婚姻遗忘了。

于是，大家就形成了一种观念——特别好的女孩都被剩下了，特别好的男人都结婚了。为什么会出现这种现象呢？

从社会学的角度来看，的确是有这么回事：虽然现在倡导"男女平等"，以至于"女权主义者"越来越多，但实际上，女人一直在心理上渴望男人比自己"高一点儿"，而男人希望女人比自己"低一点儿"。如果女人太优秀，从社会学上来讲，就会成为一种麻烦。因为这样的女性也渴望男人比自己优秀，所以就导致了最优秀的女人"嫁不出去"，而男人这边，就会出现"差男人"找不到老婆的现象。

而从心理学的角度来讲，道理非常简单——想嫁的都嫁了。剩下的就是不想嫁的。我在微信朋友圈看过一个朋友转发的一篇文章，大概意思就是："剩男剩女"中的大部分人小时候都被抛弃过，导致他们害怕建立亲密关系，更不敢走进婚姻。我认为这样的解释更靠谱。小时候被抛弃的经历，会导致个体对亲密关系有恐惧，所以不能很好地构建亲密关系。

至于优秀，我身边那些优秀的女性，她们都有老公或者男朋友，只有在那种看上去很好，但其实人格并不能称得上健康的女性中，"剩女"比较常见。所以我认同"想嫁的都嫁了，想结婚的都结婚了；没有结婚的，都是不太敢投入到亲密关系中的女性"，和优秀没有直接关系。

但男性就不一样，男人是性欲强烈的动物，对于男人来说，无论如何他们都要去找一个可以与他发展"性关系"的伴儿。但如果自身条件不够，或者缺少某种东西，他就进入不了这种亲密关系，进入不了婚姻。

| 妈妈说"你不要结婚，不要生孩子" |

很多一直没有建立亲密关系的"剩女"，她们受原生家庭的影响很深。我

有一个朋友，是台湾人，今年已经快五十岁了，从来没有结过婚。她不止一次告诉我："我妈妈跟我说过，不要结婚，不要生孩子。"我觉得她不结婚，与母亲的关系很大。但这就很奇怪，妈妈自己是结了婚的，她为什么会告诉女儿"不要结婚，不要生孩子"？难道是妈妈觉得，婚姻是不好的，男人是不好的，自己是不幸福的？如果一个母亲不断地在女儿面前说，你爸爸多么差，自己多么恨他，就好像我的一个咨询者说的"我妈人很好，就是恨我爸"，那么女儿长大后就很可能认为，一个人远比两个人好。

这是影响因素之一。还有一个因素，就是母亲和女儿的竞争。

通常我们认为，男人彼此之间有竞争：去争夺女人。其实女人之间也存在这种竞争。无论男人还是女人，在建立一种关系的时候，都像是一种竞争。在原生家庭中，我们也存在竞争。比如，男孩要和爸爸去竞争妈妈，女孩要和妈妈去竞争爸爸。假如妈妈总对女儿说"你不要结婚，不要生孩子"。这就给女儿造成很直接的影响，女儿会觉得，"妈妈对于我想和她竞争爸爸这种竞争力非常受不了，所以她才会让我不要结婚，不要生孩子"。也许就是因为这种动力，才让这位女士五十多岁还没有结婚。

从这个案例中我们可以看到母亲对孩子的影响。母亲的这种引导，会给女儿造成双重影响。第一，她会觉得父亲这种男人很差，所以她不能找这种男人；第二，她会感觉到母亲在对她说："你不要和我竞争，你爸是我的。"孩子为了表示自己不和母亲竞争，就会选择远离父亲和所有男性。

如果女儿听妈妈告诉她"不要找男人"的时候，能够明白妈妈这句话对自己产生的无意识的影响，能够对自己和妈妈之间的竞争关系有更深的理解，并通过努力寻找到契机，重新和爸爸对她的爱连接上，那么她就可以摆脱母亲的影响，获得更多的自由。

【 美满的婚姻需要先跟自己的父亲和解 】

说到婚恋情况与原生家庭的关系，咨询中有一个个案我印象特别深刻。也是一个女性咨询者，她找我时已经四十一二岁了，很漂亮，而且非常优秀；年轻时是厂里的"厂花"，她们厂是几千人的大厂，可以想象她的条件有多好。但她找到我时，只谈过一次恋爱，但几年后她发现那个男人有老婆，恨不得杀了他。

她做咨询没多久，我就说："你早就觉得这个男人可能有老婆？"她说："是啊。"这个男人几次想带她去他家里看看，她如果去了男人家里，立刻就会发现男人是结过婚的，但她就是不去，所以她就处在一种"自身条件很优秀，但没有正式谈过恋爱"的状态里。这个个案咨询了三年（咨询三年是很正常的），三年之后，她还是没结婚，但恋爱对象都是很珍惜她的男人。追她的男人都对她特别好。她自己觉得很满意了，我也觉得咨询可以结束了。

我问她，什么力量让你发生了改变？她想了想说，在咨询过程中，她感觉到了父亲的认可，包括她回忆起她和父亲之间曾经多么亲密，这个想法给了她很大的疗愈作用。原来在她五六岁之前是爸爸带的，爸爸像妈妈一样带她，有很多亲密的回忆。但是等她五六岁之后，在成长的过程中，她越来越看不起她的爸爸，她妈妈也看不起她的爸爸。结果，她就把自己和爸爸之间的爱给切断了，在记忆中完全切断了。

当她这部分记忆全部恢复后，重新记起爸爸曾经与她的亲密时，她又激动又感动。她由衷地相信爸爸是多么爱她，结果她后来找的都是深爱她的男人。

和她相似的，有另外一个案例，也是一个女孩，个人能力很强，但是找的男朋友都是骗她的。要么骗她的钱，要么骗她的色。她说起那些男人的态度，给人的感觉都是瞧不起、不屑一顾，觉得这些男人都不如她。其实她心里对她的爸爸也是有很深的抵触，觉得爸爸是一个非常糟糕的人，配不上妈妈。

接待她的治疗师让她在春节休假回家时，每天早上起来给爸爸递杯茶，向爸爸磕三个头，然后对爸爸说"我这是给你拜年"；之后与爸爸认真谈话，每天发现爸爸身上一个值得尊重的优点，让爸爸体会到女儿其实很敬重他，没有看不起他。休假结束之后，治疗师要求这个女孩定期给爸爸打电话，用行为不断地强化对爸爸的尊敬。后来她也收获了美满的爱情，丈夫虽然是一个经济适用男，但个性上有很多非常出色的地方。

所以，女性想要拥有美满的婚姻，需要先跟自己的父亲和解。

其实"想嫁的都嫁了"

说了这么多，我们并不是要告诉你，不结婚是不对的，没有恋爱是不对的。我们只是探讨一下，很多非常出色的"剩男""剩女"没有建立亲密关系的原因。

相比较而言，现实生活中，优秀的"剩女"比优秀的"剩男"要多。男人和女人在情爱需求上有很大不同，女孩子就像一朵花一样，她们需要被"滋养"。这个"滋养"除了自我"滋养"之外，还要学会让异性与你共同浇灌这朵爱的玫瑰。

我觉得女性是活在情感中的。其实男性也一样，只不过男人经常忘了这件事，而且男人不活在情感中不会这么快地枯萎，但女人就不同。我还是想强调这句话，不要轻易看那些表面上的原因，核心的原因其实都是"想嫁的都嫁了"。所以说，如果你期待恋爱的美好、婚姻的幸福，首先要有建立亲密关系的愿望。有了这个愿望，你自然就会去学习掌握建立亲密关系的能力。

如果这个愿望不强烈,你不妨认真看看自己,找一找不愿意建立亲密关系的原因。

女性单身真的那么可怕吗？

主动选择单身的女性明显增多
受教育程度越高，活得越清醒
单身并不可怕，活好自己才最重要

| 主动选择单身的女性明显增多 |

目前，中国有数以亿计的单身男女，尤其是近年来主动选择单身的女性明显增多。据第6次人口普查数据显示，30岁以上的女性人口当中有2.47%未婚，30岁以后的单身女性比单身男性要多。

有关调查显示，主动选择单身的女性中，攒钱买房的比例超过了买衣服和美容。于是，某些情感专家就说：这是因为大城市生活压力大，人与人之间关系疏远，彼此之间情感依赖小，所以单身潮就大爆发了。

但我的理解不是这样的。我看到自己身边的单身女性朋友，都是因为关于未来、关于婚姻、关于家庭，有她们的一些想法，如果没有达到她们所要的标准，她们就选择不进入婚姻。

从比例来看，确实是男性结婚的比例更高。关于原因，我自己的直观感受是，中国式的婚姻对女性不公平。我是1992年考入北京大学的，2012年，我正好赶上各种各样的同学聚会，首先是高中同学毕业20周年聚会，然后是本科同学入学20周年聚会，接着又去见了初中同学，然后我发现自己形成了这样一种感觉。

我是河北省无极县的，初中同学大多在农村。初中同学里，女同学，哪怕是当年的"班花"，都变得不成样子，皮肤、身材，包括穿着都很糟糕，可见在农村她们的生活状态。男同学则和女同学有所不同。其实初中的男同学活得也不怎么样，但是他们普遍自恋得不得了，都觉得自己活得很好，自恋程度比我的高中同学和大学同学都高很多，处处流露着得意感。

我高中读的是省重点高中，所以同学里有一部分在农村，有一部分在小城市或者大城市。能感觉到高中男女同学的生存状态普遍比初中要好，高中女同学的生存状态较初中的女同学也明显要好一些，但状态仍然很糟糕，仍然是女生状态普遍要比男生差，而且差很多。高中男生的自恋程度有所降低，但仍然也比较高。

但是在大学同学中，我就感觉女生比男生活得好。这是为什么呢？

大学同学的群体相对都在大都市生活。大都市对男人要求挺高的，男人的社会经济地位上不去，只是一个普通的白领，挫败感会比较重。特别是北京大学毕业的人中，人才辈出，作为男性，如果你只有一个普通的社会地位，就会觉得自己活得很失败。但是女性就没关系，是一个普通的白领也没关系，她们的知识或者见识让她们活得很自在。一方面，确实是"腹有诗书气自华"，这一点在女性身上尤其明显。有精神追求和没有精神追求的女性，随着年龄的增长，面貌差异非常大；另一方面，在文化程度较高的群体里，女性所承担的社会压力、社会期待还是比男性少。

这是一个很耐人寻味的现象。在我的本科、研究生同学这个阶层，对男人来讲，需要用社会经济地位这些硬件来证明自己；但是对于我的初中同学这个群体来讲，男人稍微有个小职位就可以觉得自己很了不起。至于女性，知识阶层的女性可以有更多空间活出自己的精彩，而在农村，女性的作用似乎就是用来生孩子和结婚的，而且她们好像还要衬托身边男性的莫名其妙的自恋。在文化程度比较低的地方或者在农村，男性似乎什么都不做就可以很自恋。

所以我看到，越是受教育程度高的人，越是文明化程度高的地方，对女性的要求会更客观、更宽容；而对男性来讲，如果没把自己活出样子来，就会活得比较惨。

[受教育程度越高，活得越清醒]

国内结婚都讲究"适龄"，比如30岁就是一个坎儿。对于30岁的男人，"是否成家立业"是他们社会成就评价的组成部分，因此这个阶段，男人是比较容易走进婚姻的。但是对于30岁的有文化的女性，她的知识体系才完成构建，自我实现才刚刚开始。这个时候，她们会很清醒，需要去衡量眼前的"婚姻"对自己来讲值不值。文化程度低的女性不会太多关注自我价值，她们会觉得到时候了就得成家，得活得跟别人一样。但受教育程度高的女性有足够的自立能力和自立意识，她们会更在意自己的需求和生活质量，会问：结婚值不值，如果不值，我干吗要结这个婚？

我身边很多女性对婚姻存有不满，说对婚姻很失望，或者说对老公很失望，现在有了孩子，但又很想离婚，问我这样对不对，等等。这个问题我之前一直在想，为什么这些结了婚的女性并不幸福、快乐？后来看到国外有相关研究，发现在文明程度高的地方，离了婚之后，大部分女性的幸福感会提升（是短时间之内，长时间的话就不同了）；而男性离了婚之后幸福感会急剧下降，所以男性更容易赶快再婚。

因此我的理解是，虽然表面上大家都急着结婚，但婚姻中实际收益的多是男性，而且越是重男轻女的地方这种情况就越严重。

中国重男轻女的传统持续了这么多年，过去女性的地位建立在她要依附于一个男人身上，所以夸张一点儿说，她不结婚可能就会死，被别人的口水淹死。因此在潜意识深处，女人就会有一种恐慌感，我必须得把自己嫁出去，而且受教育程度越低，越容易被这种无意识控制。受教育程度高的人，就会越活越清醒，虽然内心深处还会有这样的恐慌，但是她在意识层面知道，自己的价值没必要依附在一个男人身上，可以自己挣钱，可以把自己养活得很好。

文化带来的恐慌，会让女性对没有伴侣这件事情偶尔顾影自怜，但是她们在清醒、理性时就会知道，生活中不是必须要请进一个人。如果这个人不是自己很爱的，对自己不够好，那就不如不要。

| 单身并不可怕，活好自己才最重要 |

随着社会发展，单身的人数越来越多。对于男性来说，以前的时代是你耕田来我织布，你挑水来我浇园。而现在男人既不需要女人织布，也不需要女人做衣服，到处可以买到衣服，也不需要女人做饭，有这么多的快餐、送餐 App，几乎可以吃遍百家饭。

对于女性也是这样，就不要说耕田了，以前有个男朋友，换个煤气罐，家里弄个小维修，天气不好的时候下班来接自己一下，还是挺好的。现在哪用得着自己动手换煤气罐、维修？天气不好想要坐车，"滴滴"一下，什么车都有，各种打车软件任你选；以前找男朋友，逛商场可以给自己拎包，现在流行网上购物，快递小哥比男朋友靠谱多了。即使是商场，也提供快递服务了。

所以说，现代婚姻的物质功能、实用性越来越低，而对精神的需求越来越高。精神上如果不能满足彼此，一定是单身的人会越来越多，大家都更有时间，也更有耐心去找能与自己在精神上匹配的那个人。

过去急着结婚，还有要完成"生孩子，过家庭生活"这种压力；现在这部分就算父母会施加压力，但是自我觉醒了，"我干吗非得这么过。"所以我们看到，社会的文明程度越高，个体受教育的程度越高，选择单身的人就会越多。据说美国甚至提出婚姻解体，而北欧一些国家婚姻已经接近于解体了，其单身率非常之高。

现行的婚姻制度是不是合理，不在我们的讨论范围之内，但经济发达、社会文明程度高的地区的确存在结婚率越来越低、生育率也越来越低的现象。随着社会的发展，单身的现象会越来越普遍，但我认为，单身其实不是问题，真正给社会带来问题的是很多不健全，甚至病态的家庭。病态的家庭产生病态的孩子，这才是造成社会问题的真正根源。

单身，从某种意义上表示我在追求高质量的生活，这是很棒的部分。如果每个人都知道自爱，知道利他，知道如何把自己的生活经营好，社会每一个人都可以活得快乐，有自尊、有爱的能力，那么不管结婚不结婚，不管生不生孩子，这样的人对社会一定是有益的。

所以说，单身并不可怕，活好自己才最重要。

爱购物，为哪般？

"火鸡最好吃的滋味就是在你将吃未吃的时候"
女人的感性需要具体、丰富刺激的滋养
女人越会购物，家庭越美好

| "火鸡最好吃的滋味就是在你将吃未吃的时候" |

我身边的女人都爱购物。淘宝的营业额几乎都是女人贡献的，马云这个成功男人的背后有全中国的女人在支持他。青音说自己其实也这样，花完钱之后特别开心，那个开心并不源于她买了什么，而是源自选、挑的过程。以前是去商场挑选，现在在网页上甚至在手机上挑选，这个鞋到底是买黑色的还是咖啡色的，纠结很多天，没事就拿出来选一下，又放回去，就觉得很开心。

我发现女人们最快乐的不是买了衣服穿上的时候，而是买了衣服之后拿回来，在镜子前试的时候。这让我想起动画片《麦兜的故事》里，麦兜说的一句特别经典的话："火鸡最好吃的滋味就是在你将吃未吃的时候。"女人购物其实也是这样，最快乐的时候就是在她买下来还没有穿、没有用的时候，当她拥有这个东西的那一刻她感到特别快乐。

第一次感慨于女人逛街的"不可思议"是在大学阶段。我那时喜欢一个女孩，这个女孩和她的好朋友去逛街，有一次从下午3点逛到晚上9点。我喜欢的女孩买了一双袜子，那个同学什么都没买。我当时特别震惊，对男人来讲真不可思议，逛街6个小时，什么都不买，这不是开玩笑吗？但是她们觉得非常开心，说逛街的乐趣就在于来回比较，来回试穿，然后放回去，然后回去琢磨琢磨，心里长好几天草，然后再去。

女人如果有了一个设想，在实现之前会将这个设想拆分，构建成很多部分。我另外一个朋友决定装修房子，买任何一种东西前，她都会在脑子里反复盘算、计划，几乎把淘宝上所有涉及的物品都比较一遍，一定要买到最好的那个。关键是这个过程她一点儿都不觉得累，如果让我做这种事，我会觉得太浪费时间，也很累。但她非常享受，一直眉飞色舞的。

还有朋友参加一个跑步活动，活动之前的一个月，这个朋友特别焦虑，她不是焦虑跑步这件事，而是焦虑穿什么样的衣服，配什么样的鞋，于是那一个月就在不断地买衣服、买鞋。当然，这里还有一个原因，就是女人很在意自己是否漂亮。因为一般是男人主动追求女人，所以女人需要把自己打扮得很美，用这样的方式吸引男人。而男人通常吸引女人的地方则不是外貌。我在本科时做毕业论文，发现男人关注女人时，会把女人的美貌和气质列在第一位；而女人会把男人的社会经济地位列在第一位。虽然说现在女人也很能干，能挣钱养活自己，但是这种集体无意识的部分还是存在的，所以，女人通常会特别在意打扮自己。

但问题是女人很多时候买东西，并不是在打扮自己，买的可能是些并不需要的东西，甚至逛一整天街却什么都没买。

[女人的感性需要具体、丰富刺激的滋养]

女人为什么喜欢逛街，哪怕不买都很满足呢？这涉及另外一件事情，关于两性差异。荣格对此有非常精彩的论述，他说，女人是感性的，男人是逻辑的。感性就需要大量的刺激。感性源于感觉。感觉一定是一个事物和另外一个事物建立了关系，在那一刹那产生的东西叫作感觉，女人要活成一个感性的女人，就需要非常具体、丰富的各种刺激。女性要和各种各样的事物建立关系，她的感性才会得到滋养。

男人是逻辑的，男人活在自己的头脑中，所以男人做事情目的性很强。追女孩，就是为了跟她建立关系（比如婚姻），如果买东西就直奔主题。男人不需要这么大量的丰富刺激，如果刺激太多他反而觉得很乱。

我身边的女性里有不少购物狂。我曾经分析过她们为什么那么爱买东西。

女性特别爱购物，首先跟安全感有关系。她们特别喜欢那种充裕富足的感觉，这个不是嫌贫爱富，是因为家里摆的东西多，心里就特别踏实，衣柜里一拉开有很多衣服，觉得自己拥有很多，内心就特别踏实。其次，这种特别爱购物的女性，可能快乐的来源渠道比较少。第三，购物确实是一种女性惯用的减压方法。

那么，男人和女人如果遇到痛苦，想为自己减压，怎么办？女人可能购物，男人可能打电子游戏。为什么会有这样的差异？因为女人要通过建立感性的连接，她才感觉自己被疗愈；而男人则觉得通过玩逻辑可以得到满足。

当遇到痛苦时，男性和女性都需要一种被满足的、被爱着的感觉，只不过女性需要一个丰富的世界环绕着自己。有一个很好玩的说法：如果这个世界上没有女人，男人就都开悟了。因为没有了女人，男人就会每天无所事事，最后就都开悟了。但是因为有了女人，男人需要去挣钱，去买大房子、漂亮衣服等其他各种各样的东西，所以这个世界变得丰富多彩。

[女人越会购物，家庭越美好]

我的女朋友听我分析男人和女人，哈哈大笑说："世界就是这样的，女人是世界的第一推动力。"而且按照荣格的说法，女人也不是只有感性，女人心中都有一个男人的原形，这一部分是讲逻辑的，所以女人最好是既有感性又有一些逻辑。而男性如果只有逻辑他就完蛋了，他也需要既有逻辑也有感性。

然后我们聊到谁更适合养孩子。

我的理解是，一个人如果纯粹活在逻辑里，是不能养孩子的。因为孩子的状态是触角完全打开的，完全打开就意味着他对世界有各种各样的感觉、丰富多彩的感受。而男人如果活在逻辑里，他的头脑打开程度比较大，而面向世界的打开程度比较小。如果父亲活在自己的头脑世界中，玩电子游戏、股票或者符合自己逻辑的东西，孩子要跟父亲建立关系就很难，孩子会感觉很孤单。

但如果是孩子和妈妈在一起，妈妈的触角也都打开，孩子的各种信息都可以传到妈妈那儿去，孩子要跟妈妈建立关系就相对容易，孩子会感觉到陪伴。在这里，两性差异还是存在的。所以小孩子大部分是由妈妈带，不是因为爸爸在具体的生活事项上照顾不好这个孩子，比如喂奶、换尿布等，男人也能做好；而是女性的这种好奇、细腻、丰富，对一个人的内心发育也特别重要。

在一个正常的家庭，妈妈绝对在这个家里处于核心位置，因为她的感受力，她的丰富的人际关系力量可以把整个家庭编织在一起。一个家庭的氛围，基本上是由女主人，也就是妈妈来决定的。如果妈妈是一个暴躁的、苛刻的、挑剔的人，家庭关系就会非常紧张；如果妈妈是一个特别跋扈、以自我为中心的人，那整个家庭都会围着她转；如果说妈妈是一个温柔的、体贴的、细腻的，非常会营造快乐的人，这个家庭的氛围就一定会很好。

　　女人要负责一个家庭的生活所需，因此购物也是女性的天职之一。不管是逛街也好，还是上淘宝也好，女性的购物癖好背后都藏着很深的、理所当然的道理。我们并不需要去谴责这一部分或者控制这一部分，我们更好地理解这一部分，可以让自己购物更加得心应手。女性越会购物，就越有爱的能力，越有制造快乐的能力，家庭也会更加美好。

成为"不招人待见"的妻子需要几步?

把老公当成孩子,婚姻关系都很糟糕
不是关心,是控制
我永远都是对的
你永远都对不起我
只有爱会换来爱,怨只会换来怨

[把老公当成孩子,婚姻关系都很糟糕]

有一位读者给我来信说:"我跟我老公结婚才三年,之前我们俩是非常相爱的,我觉得他就是我这辈子的安全感,他也觉得是遇到了对的人。可是结婚之后,我觉得他越来越烦我。比如说天冷了我想让他加件衣服,他就说我把他管得像小孩一样。平时,他晚上出去加班、应酬、喝酒,回来我就特别不高兴,说他几句,他反而会跟我吵。我们的关系越来越冰冷,在一起没有话说,老公回来不是上网、打游戏,就是抱着手机聊微信。我觉得婚姻遇到了危机,可是不知道到底是因为出现了第三者,还是别的什么原因。在这三年当中，我们已经有了孩子，所以我大部分精力也都是放在孩子身上，我现在觉得是在带着两个孩子。"

我觉得这位读者内心的痛苦特别有代表性。有很多妻子认为，老公永远就是长不大的小孩，可事实上，凡是真的把老公当孩子的婚姻，夫妻关系都挺糟糕的。在这样的关系里，两个人的情感需求都得不到满足。我们不妨就此讨论一下，成为一个"不招人待见"的妻子需要几步。

| 不是关心，是控制 |

这个读者说她是关心丈夫，要去照顾他、提醒他，但她丈夫的感觉其实是被控制。控制是任何关系中的大敌，特别是在亲密关系中。如果一个人想控制另外一个人，或者某一个人感觉到很强的被控制感，不管他的初衷如何，我们都会发现，两个人的关系立刻就会形成对立。控制和亲密构成很鲜明的对比。

丈夫出去应酬，或者去玩，结果回来晚了，妻子就很不高兴。比如有的妻子会跟老公说："你十点钟一定要回家。"老公口头上答应了，但十点钟他并没有回来，妻子就会非常愤怒。于是她就对丈夫提出更强烈的要求，结果发现，丈夫逐渐地十一点回家、十二点回家……越来越晚。

但是为什么丈夫回家晚了，妻子会反应这么强烈呢？表面是妻子想控制丈夫，核心原因是她心里感觉不安全，这就是我们传说中的不安全感。像这样的女性，如果丈夫没有按时回来，她一个人在家就会觉得非常孤单、害怕、胡思乱想，比如想象丈夫在外面找女人了或者什么的。甚至有一种被抛弃感。她是因为有不安全感、被抛弃感，才去控制她的丈夫，要求她的丈夫事事顺从她的意愿，我觉得这是"不招人待见"的妻子最核心的部分。

我永远都是对的

不过，对于控制欲，女性会有很多其他的解释。比如说，我不是想控制他，作为他的妻子，关心他有错吗？他在外面应酬，回来那么晚，第二天怎么上班啊？他要是喝酒喝多了，回来我还得给他煮醒酒汤，对他身体也不好，我多提醒他有什么不对呢？更绝的是搬出孩子来说话：整天出去应酬，孩子就丢给我一个人，孩子怎么办？孩子学习他管不管？

当女人用孩子当理由的时候，控制丈夫就有了无可辩驳的理由。而且很多女性会真心相信自己的这些理由，真的被这些理由催眠和说服，觉得这些理由才是她的真实想法，她说："我不是有不安全感，现在的婚姻当中，老实说，有他没他根本无所谓。"到这个时候，丈夫在她那里就是个零。

如果一个女性有这么理直气壮的理由，把这些话说得这么坚决，认为自己百分之百有道理，这也就意味着他们之间，真实的沟通不可能发生了。"我说的都很有道理！"这个理直气壮的理由会进一步增强她的控制欲。

如果说，成为一个不招人待见的妻子第一步是控制，那么第二步就是你都感觉不到你在控制了，甚至自以为是到"我控制我有理"的程度。我永远是对的，家里我就是真理，也就是说家里有一个规则是：第一条，妻子永远是对的；第二条，妻子如果不对请参看第一条。

在"我永远是对的"这种道理下，意味着沟通不可能发生，男人自然会逐渐逃避，或者想从这段关系中逃走。

你永远都对不起我

有些善于控制，而且认为自己永远是对的女性，会有另外一种能力——

特别善于制造对方的内疚感,她们属于比较有手腕的女性。

比如,我为这个家庭做了多少多少牺牲,我为孩子做了多少多少牺牲,我的精力全给了这个家,而你干吗去了?这导致了一个结果,很多人都认为,母亲是家里贡献最大的人,丈夫是"看不见"的。

在我的咨询案例里,有些家庭的父亲甚至到了某地副市长这样的职位,而妈妈只是一个没有文化的家庭主妇,但孩子们都会觉得妈妈是家里贡献最大的。深刻反思才发现,其实孩子们都是被妈妈催眠的。

有的女性会直接说:我就是对的,你就按照我说的来做,如果你不按照我说的来做,就是你对不起我。比如有些女性从刚结婚开始,甚至还没结婚,这个劲儿就拿出来了。还没结婚的时候,要彩礼、谈婚礼如何举行的条件——就是一副"因为我把一辈子都交给你了,你就得给我一个什么样的婚礼,"的这种"托付"心态。其实也就是要求从这一刻起,自己拥有"控制权",而把对方绑在"对不起自己"的柱子上,永无翻身的可能。

这里,我们总结出成为不招人待见的妻子的三步:第一步,控制;第二步,我永远都是对的;第三步,你永远都是对不起我的。假如这三招都使出来,就变成"我"要说了算,"我"永远都是对的,"你"这个渣男对不起"我"。这三步加在一起,就锻造出了两性关系中"让对方越跑越远"的利器。

| 只有爱会换来爱,怨只会换来怨 |

有时候,女性还有一种这样的心理,比如说:我已经和你有了性关系,我已经是你的人了,你就要对我的人生负责。

我在大学里给女生进行演讲的时候,都会跟大家说——姑娘们,你们一定要记住,你不是一个货物,不是拆封了就贬值。如果总是一副我跟你发生了性关系，你就要对我负责的态度，那请问：你要不要对人家负责？人家也是人，你为什么不对自己的行为负责？

女生的这些理念跟家长的教育是分不开的。家长从小教育女孩子说：你不能被别人占便宜。当然，女性需要懂得自我保护，这是理所当然的。但是真正成年后，当你进入两性关系，发生自觉自愿的性关系，包括接下来你要走进婚姻，甚至和他孕育一个孩子……这些应该都是一个女性自觉、自愿、主动的选择，而不是因为上了床，你就理所当然地成了一个附属品。

不是说：从我跟你"上床"开始，你就要对我负责；我要跟你结婚了，你要给我买房子；你不但要对我负责，你还要对我爹妈负责；结了婚之后，我把我的青春都交给你了，所以你要对我言听计从；在家庭中不能有任何让我觉得不舒服的地方……等怀了孕，生了孩子，更加不得了：我从此就是一个伟大的母亲，我对你这个男人，对你全家，甚至对你这个姓氏（如果生一个儿子的话），都有绝对话语权……这太可怕了。

这里藏着一种心理就是：很多女性认为，丈夫天经地义要对她的人生负责。我的一个来访者说了这样一句话，她说："我妈人很好，就是恨我爸。"我身边的一些女性，以及我听到的无数的故事，让我感到这句话精准地表达了"女人是对的，是丈夫欠妻子的"的心理。男性在这段关系里，经常感受到强烈的被指责、被控制，所以就只想从这段关系中逃走。

一段关系中，当你对对方有了"托付"的心态时，你就已经开启了两人关系不和谐的大门。当你和对方的关系当中出现了"我为了你付出了很多，你对不起我"的时候，其实你已经不爱对方了，已经开始恨他了。

所有的关系中，对方都是一面镜子。我们在照镜子的时候，照见的都是我们自己。我们要经常想想，我们给予对方的动力是什么。如果我们给予对方的主要动力是"怨"，那么你就别指望从对方这面镜子回馈给你的是"爱"。

只有爱会换来爱，怨只会换来怨。这是一个非常简单的道理。

提醒所有的女同胞：在婚姻或亲密关系中，出现任何问题，都不要把这些归结为——"看，这些都是你给我造成的！都是你对不起我！"那样你的婚姻只会形成恶性循环。如果你的婚姻还没有出现危机，记得避开我们讨论的这些雷区；如果你的婚姻已经出现了危机，你就要想办法完成自我的救助和成长。那样，你才有可能拥有一个美好的自己，并因此收获一生愉悦的婚姻。

什么样的女人才是真的强大？

为什么中国女人脾气大 |
女人的强势，源自缺乏真正的平等 |
真正强大的女人，一定是柔和的 |

[为什么中国女人脾气大]

  有朋友说，好像现在的女孩子越来越强势。当然这个强势还有另外一个意思，就是现在的女性确实越来越优秀，因此有时候也会显得咄咄逼人。一个做音乐的台湾朋友对我说：大陆女孩子都很想表现自己的优秀，热衷于说自己去过多少国家，从事多么高端的行业工作，有多少人脉，取得过多少证书。但你跟她没有办法交流，因为她一直在支配你，她认为她的意见是最正确的。他觉得这样的女孩子很强势。

  这种现象很普遍，也很中国。有两个外国老师对我说，在中国的街头，他们总看到女人对着自己的老公或者男朋友发脾气，甚至还有女人打男人，他们觉得很震惊，不明白为什么会这样，为什么中国女人脾气这么大。

中国式的恋爱里，两人吵架通常总得有一个人道歉，而道歉的一般是男生。这里面存在着一个信息：女人永远都是对的，男人永远都是错的。我们也经常说男人怕老婆才是真正地爱老婆，日常开玩笑时也会说男人要怎么样回家就会跪搓衣板。其他国家的人听了觉得非常不可思议，但在我们看来这是非常自然的事情，好像男人这么做才是好男人。

韩国和一些中东国家可能也存在这种情况。韩国电影《我的野蛮女友》充分地展现了这一点。这些国家重男轻女的现象比我们更严重，所以女人都普遍处于压抑状态。像刚才我们讲的女人脾气大，而且传递的信息是"我是对的，你是错的"，其实这是婴儿早期特有的心理。有一个专业术语来形容它，叫作全能自恋。什么叫全能自恋？我为所欲为，世界就要围着我的感觉转，我是神，神当然永远都是对的。

为什么这种现象发生在女人身上居多呢？我的理解是，中国社会重男轻女的传统，导致女性在生命早期被忽略的程度比男性严重。在中国，男人的心理发展水平早期比女性会稍微好一点儿。因为他们在婴儿早期得到的爱比女性要多一点儿。所以成年后，女性更容易卡在婴儿早期的全能自恋中，觉得：第一，我无所不能；第二，我永远都是对的；第三，如果发生冲突永远都是对方向我道歉。

从心理学的角度而言，婴儿在 6 个月之前如果被好好对待，他成年以后就不太容易强势，后来的强势其实是对幼年时期没有得到的关爱的补充。婴儿有这样的特点：我发号施令，妈妈要满足我。刚出生的婴儿一点儿自理能力都没有，想吃也没办法，想玩也没办法，冷了也没办法，他的生活需要都有待于妈妈配合，帮他完成。但是由于重男轻女的传统，妈妈对女儿的排斥会很大，会把她内在的不被接受的小女孩投射到自己的女儿身上，导致女性在这个阶段得到的满足比较少。这方面没得到满足的孩子长大之后，就会不自觉地要弥补这一部分。

[女人的强势，源自缺乏真正的平等]

六个月之前，婴儿所有需求的满足都有赖于妈妈的帮助才能完成。假如一个人的心理是早期婴儿的话，必然会有托付心理，觉得我的人生应该由别人来满足我。而中国的文化似乎特别鼓励女人的这种心理，女性嫁对了人，人生就成功了一半，甚至都不只一半，简直是全部，男人要为她负责所有的东西，包括情绪。很多女性自己也会这么觉得，男人要为她们的全部，包括情绪负责。

按照这个说法，男人是为了占女人的便宜而接近女人的，女人并不是一个"人"，而是一个礼盒，被拆了就贬值了，被碰过了就掉价了。女人自己也存在这种意识，现在很多情感专家的鸡汤文教女人如何迎合、掌控男人等，都是这个前提：女性是弱小的，是被欺负、被占便宜的，需要保护的。站在这个角度去看，男人对女人所做的所有事情都是在占女人便宜，男人成了坏人。之所以现在女人变得这么强势，我觉得这些情感专家起了很大的作用，他们教给女人的不是怎么去爱，而是如何用权谋和心术去对付男人。

不仅现在的情感专家这么做，中国古代文化也一直传递着这种信息。古代的爱情故事《白蛇传》里，白蛇就是有脾气、有情绪的，而且无所不能；许仙就是一个窝囊废，许仙的好处就是他没脾气，而且娘子永远是对的。《红楼梦》里，贾宝玉是不能够发脾气的，永远都是林黛玉想怎样就怎样，而且林黛玉比薛宝钗更受宝玉喜欢。其他还有金庸小说中的黄蓉和郭靖，《倚天屠龙记》里的殷素素和张翠山。

《聊斋志异》里，都是书生和女鬼的爱情故事。概括起来就是：中国真正的爱情故事都是在讲一个儒生，灭掉了自己情绪的儒生，说得更极端一点儿就是"和尚"。我们的文化中，是把女性定义成一个"唤起"，包括情的唤起，自我的人格、情绪、攻击性的唤起。女人唤起的那个部分，是男人不愿意面对和承认，但是又觉得很爽，所以唤起了之后，这个女人就是罪恶的。

我们经常说红颜祸水，所有活色生香的女人都是没有好下场的，《西游记》里，除了观音姐姐之外，所有女性都是妖怪，唯一例外的女儿国国王还必须是想爱而不能的。所有女性都是这样的定义：身为女人就是惩罚，就是糟糕的。

从这个角度看，女人的强势也是对世俗的挑战。女性的强势、厉害，恰恰说明男女还不平等，社会对女性还有很多歧视。整个社会要对女性的强势负责任。

| 真正强大的女人，一定是柔和的 |

一个什么优点都具备，但唯独没有真自我的女人，更接近一个传说。如果她真的出现在家庭里，通常她是被牺牲、被忽略的那个人。她是不被爱的，而且男人也不会珍惜她。这个"不珍惜"后面有很复杂的原因，最主要的原因是她活得这么假，已经没办法呈现真自我。没有真自我，别人就不会珍惜你，所以只能在传说中具有力量。

强势的女人其实是可怜的，是被迫的。据我所知，她们实在是没办法到另外一个位置，让自己不强势。我有一个女性朋友，在这方面表现得特别夸张：她跟男人约会，如果两个人都开车怎么办？男人要坐她的车；要做爱在哪儿呢？男人要到她家里来。她一直说要找一个强有力的，能驾驭她的男人，但是她找了一辈子都没有找到。其实她身边这样的男人很多，但是她不会去选那种人。

原因是什么呢？作为"妖女"，她的自我是没有成形的，或者说是她还没有变成一个人，她需要空间让她的妖性变成人性。这个时候，她就需要一个完全没有攻击性的男人，这种人有安全感，她可以在这种人面前肆无忌惮地释放她的情绪。这样的男人相当于一个容器，她要在这个容器中历练她的妖性，逐渐地变成一个人。

而在她没有变成人之前，她其实很痛苦，她为所欲为的一切，都源于自己的痛苦。所以，实际上她是没办法去做那个真正温柔的人，把自己放低一点儿位置，她做不到，她必须处在妖的位置，通过为所欲为的过程，慢慢地变成一个人。

所以我很明白强势女人的痛苦，越强势越痛苦，越痛苦越强势，形成了一种恶性循环。她们需要做的，是在内心对自己的真实完整地接纳，自己给自己足够的安全感，告诉自己，我可以真正强大起来，不需要用强势来掩饰自己的恐惧。这样，她才可能发现一个轻松的、舒展的自己，一个因为真正的强大而柔和起来的自己。

记住：一个真正强大的女人，一定是柔和的。

◇ 第四篇 | **如今的中国男人**

解读中国式男人
男人婚后对妻子没有"性趣"？
"面子"对于中国人为什么这么重要？
说句"我爱你""对不起"，就这么难？
"中国式好人"在婚姻中的危害
"中国式好人"，怎么破？
老公是"妈宝男"，怎么破？

如今的中国男人 | 说句"我爱你""对不起"就这么难?

解读中国式男人

| 不能有欲望的中国男人
| 另类男人——"小鲜肉"
| 男孩的教养方式

| **不能有欲望的中国男人** |

中国文化里歌颂的经典的中国式男人,就是老实巴交的、没有欲望的、没有攻击性的、道德感极强的、非常负责任的男人。女人们不见得会爱这样的人,但是很多女人会选择和这样的男人结婚,觉得这种人非常靠谱儿。这样的选择是有道理的。对于还处于婴儿心理期的女人(上一篇所讲的"妖女")来讲,她的自我没有成形,她需要有一个稳定的、不会抛弃她的男人作为陪伴者,或者说作为一个容器,来容纳她带着妖性的情绪,而这样的男人正好和"妖女"构成了一对很深刻的存在。

但中国社会除了这样的男人,"和尚"也特别多,甚至可以说是"太监",是心理上被阉割了的男人。因为中国封建社会一直都是专制社会,权力系统由男人构成，女人不参与。既然是专制统治，那么这个系统中就只能有一个男人，就是皇帝。其他男人构成权力系统的砖和瓦，而皇帝作为一个绝对的权力所有者，他会要求其他男人不可以对他构成威胁，所以要保证只有一个男人，而把其他男人都阉割掉。以象征性的画面来呈现，整个中国封建社会就像是一个皇宫。皇宫中只有一个皇帝，只有这个男人是有生殖器的，他有很多妃子，他和妃子生了孩子。但是他不会陪伴妃子，也不会陪伴孩子，那谁陪伴女人和孩子？太监陪伴。

中国社会的家庭场景也经常是这样：一个女人，她养了孩子，但是她真正的丈夫、真正的男人似乎并不在她身边，陪伴她的人就是一个没有欲望，也没有情绪的"太监"。所以现在的家庭中，有些女性会说，是我老公把我逼得这么强势，是他把我逼成这样、变成这样的。

这个"逼"和"变"的背后，就是这个男人不主张、不主动，没有情绪、没有愤怒，甚至是有点儿窝囊的状态。男人的不作为会让女人觉得，如果我再不跳出来，这个家就没有办法支撑、没有办法维系了。所以女人需要为了孩子的问题争取，为自己的工作问题争取，于是越来越强势。

但是这个男人为什么不作为呢？因为他一作为，就觉得自己有罪。

现实的权力体系分为两部分，一个是社会权力体系，一个是家族权力体系。因为男人构成了体系，所以他要考虑体系中的所有东西。而女人被排斥在体系之外，所以同时她是自由的，可以张牙舞爪。如果男人张牙舞爪，就会面临对整个家庭的背叛，甚至是对整个权力体系的挑战。

《平凡的世界》里，男女主角的爱情，都是女人倒追男人的。为什么？因为男人要考虑很多，比如权力上的结合，利益上的结合，整个家族的考虑，而且他整体处于被阉割的状态，领导让他怎么做，大族长让他怎么做，他就必须遵从，要不然就会给整个家庭带来灾难。但是女人是单独的，所以女人可以奋不顾身地去追求爱情。

中国的传统虽然是重男轻女，但是一般的男人是非常不自由的，女人反而有一定的自由空间。有一种强烈的道德感在压制着男人。具有这种道德感的男人会被社会认可为很有责任感，很为大局考虑，等等。其实从心理学的角度而言，这就是一种不敢做自己的状态。实际上，这样的男人已经被权力体系阉割了，但他自己还认为这是对的，他没有反思过这是很可怜、很悲哀的。

另类男人——"小鲜肉"

现在的"90后"男孩中，出现了与传统男人的经典形象相反的例子，就是"小鲜肉"特别多，很多男孩子气质上很"娘"。

前段时间，《星周刊》上有一个大标题叫《中国的男人都去哪儿了》，文章说，男人应该硬朗刚强、顶天立地，应该是一个"男子汉"的样子。但是现在的男孩子呈现出来的却是不敢担当，像小男孩一样，完全由着妈妈安排的样子，好像性别越来越模糊。他们不再像过去老实巴交的男人，背负着重担，压抑着情绪，而是有一定的自由度。但是很奇怪，有了自由之后，他们似乎变成了女孩，用女孩的方式在这个社会中生存。因为这个社会仍然不鼓励有真正独立人格的人存在，所以他们下意识地扮可爱，和小女孩一样，用这样的方式讨好权力社会。当他们像小女孩一样时，可能更安全，因为他们没有对权力构成挑战，大家会更容易接受。而他们内在的很男人的那一面，如攻击性等，就不会表现出来。

有人说，这是流行文化的影响，比如说日韩漫画里的小男孩就是这种样子，也有人说因为幼儿园里都是保育阿姨和女老师，男老师特别少，所以不容易培养男孩子的男子气概。其实这些既是原因，也像是整个体系的一部分。

整个体系构成了一种集体无意识，导致男人成为这样。

日韩跟我们一样，也是儒家文化的权力结构，而且日本、韩国比我们更压抑。但是在他们受儒家文化影响的同时，受西方自由思想的影响也非常深，他们也很强调每个人都要做自己。跟我们比起来，他们的男人更像男人，女人更像女人。哪怕有些男孩子打扮很时尚，或者看上去像"小鲜肉"，但是他说话、做事的时候还是非常果断，非常敢于表达自己的。

男孩的教养方式

现在的父母，几乎都没有把男孩子培养成"男子汉"的意识。培养男孩子，要注意培养他的独立性和自我意识，要让他自己去习惯担当，学会为自己的选择负责任，同时能看到和处理自己的情绪；而不是在男孩子很小的时候，不许他哭，不许他表达真实的自己。有智慧的父母，会有意识地还原男孩子真实的内心世界，引导和保护孩子的攻击性，教孩子接纳自己的欲望，允许孩子做真实的自己，那么这个男孩子一定会成长得很出色。

对于父母而言，用自由、信任的方式，将男孩子培养成真正的男子汉，这是一条很漫长的路。我们要绕过传统积弊的误区，引领孩子真实而自律地呈现自己，在自由与克制、力量与压抑间达到收放自如的平衡点，这是每个想让孩子健康成长的父母需要认真面对的功课。

只要现在的父母，尤其是男孩子的父母，有意识地培养男孩子这些基本素质，孩子就会成长为真实而有力量的人，整个社会和整个家庭都会因此受益，女人们也不必再死守在强势的位子上，可以恢复自己柔软娇嫩的天性。当然这需要很长的时间，需要一代代人持续地努力。

男人婚后对妻子没有"性趣"?

"白玫瑰"与"红玫瑰"
与妻子发生热烈的情感,是有罪的
关键点在于男人,和女人没有多大关系
小时候没有与妈妈建立清晰的"边界"
"性人格"是否健康,体现在生活的方方面面

| "白玫瑰"与"红玫瑰" |

微信公众号"青音"的后台有一位女士的留言——结婚前,丈夫在性方面很积极主动,那时候觉得两个人很和谐,可是结婚之后,丈夫突然对她失去了兴趣,现在的他们已经成为"无性婚姻"的状态。这位妻子非常焦虑。是丈夫有了外遇?还是自己没有吸引力了? 她曾经想带丈夫去医院检查一下身体,看看是不是生理方面有什么问题。然而虽然性生活次数极少,但在自然发生的状态下,丈夫并没有障碍。而且两个人除了"性方面"几乎等于"零"之外,其他的部分倒是还好。她实在不知道到底是哪里出了问题。

这位女士说的其实是一个很典型的案例。在中国,很多男人和妻子发生

性关系时，都会有障碍。这些男人并不是生理上发生了器质性障碍，可能在"一夜情"或与情人发生性关系时都很自然、很顺畅，但在自己妻子面前却没兴趣。这里面的原因很复杂。

网上流传一些关于贪官的段子，比如"老婆不用，外面却有很多女人"。在我们的文化中，男人和自己的妻子做爱，好像理所当然就该有一种障碍，其实弗洛伊德的理论，男人的"恋母情结"，很好地解释了这种现象。

什么叫"恋母情结"呢？弗洛伊德的理论认为，"儿子都想与爸爸抢妈妈，儿子最初的性欲都是指向妈妈的"。对这种现象，我们该怎么办呢？我们主张"流动但是不满足"。"流动"的意思是，父母并不需要制止孩子与妈妈亲近的这种想法，不需要因此去打击他。很多男孩都对妈妈说过："我长大了，要和你结婚。"（其实很多女孩也说过"我要嫁给爸爸"之类的话。）儿子可以与妈妈很亲近。但同时我们也不去"满足"孩子的想法。"满足"的意思是，让儿子觉得妈妈重视他胜过重视爸爸，妈妈似乎是自己的情人，而爸爸在妈妈心中是"第二位"的。这样的"满足"，会给孩子造成一定的困扰。

一方面，儿子会有一种"胜利感"，他会觉得自己打败了父亲。但另一方面，他会有很大的愧疚感，觉得很羞耻。如果儿子在与爸爸妈妈的"三角关系"中变成了一个"获胜者"，这样就可能导致他未来的性关系出现问题。最初的时候，儿子发现自己的性欲是指向妈妈的，他会产生罪恶感。如果这部分并没有得到很好的处理，结婚后他会把这种"动力"投射到自己的妻子身上。他会觉得和妻子做爱，就像在和妈妈做爱一样。

在中国文化中，女人往往被分化成"白玫瑰"与"红玫瑰"。"白玫瑰"是圣女，没有性欲的部分，神圣不可侵犯；而"红玫瑰"则是欲女，是性欲的化身。结果在结婚之后，因为"恋母情结"的投射，妻子就成了一朵"白玫瑰"，在"白玫瑰"面前，男人很难产生情欲，只有在婚姻之外，他才可以充分地释放自己的情欲，比如找第三者或者"一夜情"。

| 与妻子发生热烈的情感，是有罪的 |

我听过很多男人关于这方面的倾诉——老婆生完孩子以后，自己对她就没有任何感觉了，不想和她发生性关系。这种现象一方面可能与生育有关，比如妻子身材走样等。另一方面是因为妻子全神贯注在孩子身上，对丈夫也没有兴趣。但是妻子的心理变化与丈夫的心理变化，也是有关系的。

这其中有一个很强的隐喻。男人有了孩子之后，就化身为"父亲"。这个身份会唤醒他在自己小时候和父亲之间微妙的竞争关系的记忆，结果也会导致他不能触碰自己的老婆。这种现象，在越是"重男轻女"的地方，比如潮汕或客家地区，就越常见。

前文的案例中，是恋爱的时候性欲表现正常，订婚之后减少，结婚后更加少，如果再往后，可能在生完孩子之后便几乎没有了。这其中也有一个隐喻，即男人结婚之后，就好像对全世界宣告，这个女人是他合法的性爱对象。

男人会下意识地觉得，所有人都知道他会和这个女人做爱。这种"知道"，就像有亿万双眼睛在盯着他。所以，他通过"我不和我老婆做爱"来证明：其实我不喜欢和女人做爱，我没有"恋母情结"。之后，他可能偷偷地通过地下情来释放自己的情欲。因为这些是大家看不见的。

也就是说，他早期的抗拒，是来自于对母亲热烈情感的心理回避。后来他的"回避"成了一种习惯，而这种习惯会延续在他的婚姻当中。之所以那样对待他的妻子，是因为他觉得跟自己的妻子发生那么热烈的情感，是有罪的。

当然，所有这些"动力"和"投射"都存在于男人的潜意识里。明意识里，男人不会发现自己有这样的意识或倾向。但这些潜意识的存在，会导致他没有触碰妻子的意愿。

[关键点在于男人，和女人没有多大关系]

处于案例中"无性婚姻"的女性可能会很困扰。假如你就是这样的一个"妻子"，该怎么办呢？

碰到这种情况，要解决，就要靠男人。如果丈夫到了这种地步，作为女人就要考虑如何能让自己活得好一些。我个人的建议是，如果一个男人此类程度的分值到了 8.5 分（满分 10 分），作为妻子，就考虑离婚吧。

在这种事情上，关键点在于男人，和女人没有太大关系。在夫妻生活、性的动力中，男人都是要主动的。一段因性生活而不幸的婚姻里，男人是主要的因素。很多存在这种情况的男人对于夫妻生活中的性障碍忌讳极深，不愿触碰，这样的男人需要多经历几次痛苦，才会知道自己需要改变。如果家庭中出现这样的问题，我建议大家不要只是去医院查看是否有早泄、阳痿等问题，而要意识到这可能是一个心理问题，而且经常是纯心理问题。在我遇到的个案中，有很多这样的现象。在我的一些男性朋友当中，也有很多类似的情况。

这种情况能否"自愈"呢？这要看他对"性"的隔离程度。如果隔离的程度非常深，那就不是个人凭自己的努力可以解决、修复的，他需要专业人士的帮助。

[小时候没有与妈妈建立清晰的"边界"]

按照现在养育孩子的方式，最多到三岁以后，妈妈就不能和儿子盖一个被窝或睡在一张床了。因为这样会使得儿子感到自己的性欲得到了很大的满足。但中国人养育男孩子时，经常会发现儿子年龄已经很大了，还是会跟妈妈盖一个被窝或睡在一张床上。还有的儿子已经很大了，妈妈还会给他洗澡。

我听有人说："我跟我妈妈一起睡到了四五岁。"另一个人说："这算什么，我和我妈妈一起睡到初中。"又有另一个人说："我还知道有人和妈妈一起睡到高中的。"甚至有儿子直到大学，还跟妈妈一起睡的。但这还不是最夸张的，我见过已经五十多岁的男人，他们一家人聚会的时候，会共用一张大被子，这个大被子是特制的。这里面存在着很强的"乱伦"含义，会引起很多性混乱问题。中国人经常会为了追求亲密，认为亲人之间绝对不会存在性的关联。事实上，亲人之间，也是男人和女人。如果不加防范，仍然会有严重的性动力在里面。比如二十多岁的女孩当着父亲的面很坦然地换全身的衣服；男孩已经成年，而妈妈也还年轻，他洗澡时妈妈可以自由地出入浴室，甚至有朋友的婆婆就说："那有什么！我儿子都是我喂大的，他什么我没见过！"

这可能和住房面积小等客观情况有关，但最主要的原因还是没有这种意识，觉得亲人之间不需要加以防范。我有一个个案，他的性问题很奇特——不能插入。后来据他的妻子反映，他经常24小时生殖器都是硬着的。我们可以这样理解：儿子和妈妈在一起的时候，他就一直有性反应，甚至生殖器也是硬着的，只不过大家都忽略了。听起来其实挺可怜的。在成长的过程中，小孩子有性动力，但是没有"性欲"意识，而大人也没有这个常识，没有跟孩子建立清晰的"边界"，当孩子身体发育逐渐成熟时，在"性"的问题上，他不知道什么行为是对的，什么行为是错的。因为社会伦理，他会本能地，同时莫名其妙地做一些自我克制和压抑。一旦这种自我克制和压抑形成习惯性禁忌，等他真正进入婚姻，并应该发生正常的性关系时，他就不知道该怎样面对和处理。

我想给所有在"性"上有问题的男人提个建议——如果你觉得自己小时候和妈妈或姥姥、奶奶等"替代性的妈妈"过于亲密，那么你在"性"方面的问题根源很可能就出在这儿。

| "性人格"是否健康，体现在生活的方方面面 |

我在咨询过程中发明了一个概念，叫"性人格"。一个"性人格"足够健康的人，他的心理是没有问题的。如果一个人的"性人格"有所偏颇，无论是过度羞耻、内疚、压抑，还是过度奔放，或者是性成瘾，那么他的心理一定是有问题的。

这也是弗洛伊德的观点——人类的两大动力是"性的动力"和"攻击的动力"。如果人在这两方面的表达出了问题，那么，一定还存在其他方面的心理问题。虽然我们讲的是夫妻之间的"情欲障碍"，但它会体现在生活中的方方面面。一个在夫妻关系方面有"情欲障碍"的人，在生活的其他方面，如人际交往、挫折的应对、心灵弹性、亲子关系、面对自己内心的自我冲突，或者职业发展生涯中，一定有一个或者多个看上去跟"性"无关的部分，也是非常态、甚至是病态的。

有朋友问我：如果身边有这样的男士，他们需要借助专业的心理医生来进行调整吗？如果不找心理医生，而是自己跟自己，或者自己跟妈妈进行一些对话来厘清原因，可以改变这种情况吗？

我的回答是：必须要由专业人员进行干预。因为"性"是一个非常隐蔽的话题，在专业咨询中，"性"都是最为困难的部分，何况自发的调整？我们可以谈被伤害、被抛弃等问题，却绝难客观地谈"性"问题。为什么呢？因为"性"特别容易导向"我有罪、我错了"。小时候有很强烈的"性"羞耻感的人，他们都有一个特点——希望自己的秘密被严格保守。

一个来访者对我说："老师，我们今天的谈话希望你能严格保密。"我问他："什么叫作严格保密？"他说："就算是匿名，某些细节你也不能放在你的文字当中。"因为通常我们的保密协议中承诺的是不泄露身份，也不泄露完整的故事，谈话中的一些细节是可以说的，但是有些人仍然要求细节也绝对不能暴露。

一般要求"高度保密"的人，都是心里存在很严重的性羞耻感的人。这样的人，让他在自己都不能坦然面对的情况下，凭借自己的努力去解决自身的问题，可能性基本为零。对于一般人，特别是中国人，"性"这个部分确实非常地隐秘，所以需要借助于非常私密、非常专业的心理咨询。

"面子"对于中国人为什么这么重要?

面子其实是一种畸形自恋
我们愿意制造嫉妒,也愿意嫉妒别人
成长"里子",才能从"面子"的黑暗势力中脱身

| 面子其实是一种畸形自恋 |

有一个话题中国人总是会提起,那就是面子。中国人特别喜欢维护面子,又特别善于委屈"里子"。

几年前春节联欢晚会上有一个小品《有事您说话》,是郭冬临演的。我现在想起来还记忆犹新。男主角为了讨一个好人缘,也为了显示自己人脉广,"面子大",大半夜去给人排队买火车票,买回来还说这是我通过关系拿的,别人送给他一堆没用的牙刷什么的,他也当成礼物收下。其实他自己知道这种关系是不对等的,可还是接受了。这种为了让面子好看,让"里子"特别受伤的情形,在我们的生活中很常见。比如说不敢去拒绝人,做不到的事情

也硬生生地答应下来，等等。

这种现象如此普遍，因此无论是国内的心理学家还是国外的心理学家，在研究中国人心理的时候，都会把"面子心理"列在第一位。

面子到底是什么呢？它代表什么呢？

之前，我讲过"真自我"和"假自我"，有人以为面子就是经典的"假自我"的表达，但这样的表达还不足以表达面子的重要，因为有时候，面子是一个很致命的东西。在电影《杀死比尔2》中，有一个情节：白眉道长向少林寺的方丈打招呼，结果少林寺的方丈没理他，后来白眉率人血洗少林寺。这个情节对于面子的表达十分到位。我们都知道，在中国，面子是一件很"危险"的事情，如果你不给别人面子，可能后果会非常严重。

我自己也遇到过一件小事：有一次，我的一个好朋友来听我的课，之后半年都没怎么理我。但我一直没有觉察，在人际交往上我是比较心思简单的。后来他实在忍不住说，武老师你知道吗，我对你很生气。我说我真不知道啊，你告诉我我哪儿惹你了。他说，课间有一个同学过来找你提问，我就作为第二个提问者在旁边排队等着，结果你回答完前面的问题，又去回答其他人的问题，我在旁边等了好一会儿你都没理我，我觉得你严重地忽视了我，我很愤怒，决定以后再也不理你了。我这才明白，在他的感知里，他觉得我没给他面子。

这两个故事说到面子的核心本质：面子就等于尊严，甚至等于存在感；如果你不给我面子，我就要死了，我恨不得你去死，严重到这种程度。国内的心理学家曾奇峰就讲过，面子真正对应的西方心理是什么？就是自恋形成障碍。也就是我们说的自恋狂：任何时候我都是对的，如果你戳破了我这种感觉，我就破碎了，我就恨不得你去死。

"假自我"不足以表达面子的这种破坏力。"假自我"意味着你戳破我的

"假自我"，我还有"真自我"；或者你戳破了，我也不怕。但面子心理其实是一种畸形的自恋，要维持一种"无论什么时候我都是对的"的感觉，为了维持这种感觉不惜任何代价。这就涉及前面讲过的婴儿早期处在全能自恋的状态。

[我们愿意制造嫉妒，也愿意嫉妒别人]

面子展示在中国无处不在。美图秀秀、美颜相机在中国特别有市场，不管本尊容貌如何，都要经过美化；朋友圈天天各种晒，晒娃、晒自己多忙，晒自己加班，尤其是逢年过节，朋友圈就是各地摄影比赛；包括中国式旅游，上车睡觉，下车拍照，好像出门不是为了玩，而是为了把照片带回去炫耀，你看我来过这里，这其实也是一种面子。这一点我印象特深刻。出国的旅行团，一下飞机中国人第一时间找 Wi-Fi；一到五星级酒店，导游的第一件事就是告诉大家 Wi-Fi 的账号和密码是多少。为什么？因为要发朋友圈。我的感觉是：大家都很迫切地需要跟别人联系上，这其实是一种自我破坏，说明我们没有一个"我自己单独可以存在"的概念，要通过让别人认可我、跟别人取得连接，我才能感觉到自己的存在；又因为很自恋，所以连接的方式就是"我很有面子"，以这样的方式让别人承认自己。

所以，不管是朋友圈还是各种美颜相机、美图秀秀，我们都愿意看到一个不真实的生活的幻想。说得残酷一点儿，这些东西就是嫉妒。我们愿意制造嫉妒，我们也愿意妒嫉别人，我要做那个让大家嫉妒的人；我要大家都想要的，但是我要拥有的比你多一点儿。但是中国人又有这样的危机感：也不能比别人多太多，超太多别人就恨不得杀了你。所以最好是你8分，我就9分；你9分，我就10分。攀比也是由面子而来的。攀比通俗地讲就是我们说的"讲面子",核心仍然是嫉妒,我把它称为原始嫉妒。世界上所有的好东西我都要有,我要独占一切。

有原始嫉妒的人同时有一种恐惧,自己也能深深地感觉到。比方你如果方方面面都比我强,我就恨不得你去死,我就嫉妒死你了,所以当一个人自己知道处在比别人强的位置时,就担心会被别人嫉妒死。所以中国人嘚瑟的时候也会收着,绕着弯儿委婉地说,我就比你强一点点,你也别在意,实际上你也很多优点。因此我们经常觉得这些人很"装",想秀又假装毫不在意。而且大部分时候,彼此在意的不是某件事情本身,而会在意别伤了和气,别伤了面子,互相给个面子这事儿就算过去了。因为面子是"画皮","画皮"里面是个鬼,你戳破了人家的面子,就会露出里面的鬼。

| 成长"里子",才能从"面子"的黑暗势力中脱身 |

不过据我观察,现在的"90后"有另外的一种做法,他们不是那么重视面子,甚至根本不重视别人的感受,只重视自己的感受。从某种意义上说,这也是一种成长吧。因为当他不在乎别人那么多的时候,也就意味着他对别人的嫉妒会减轻一些。不过这是一种切掉连接,活在自己的世界中的状态,对别人不感兴趣,依然有自恋,而且依然觉得,世界上所有的好东西我都应该有。比方说卖肾买苹果手机的现象,这里面藏着一种信息:别人有的我也都得有,而且我不能比别人差,否则我就没有尊严,甚至感觉会死。

其实,真正的尊严是自我价值感,也就是成为你自己。一个人,有了属于自己的自我价值感,有了存在感,就有了坚实的心理基础,有了坦然面对自己和面对这个世界的"里子"。有了"里子",他对"面子"就不会过分地重视。但对于一个成年人而言,这是非常不容易的。如果他的自我非常脆弱,心理反应机制不够成熟，那么，要成长到有自我价值感，真是非常不容易的，需要一个漫长的坚持、蜕变、成长的过程。

相对于成年人而言，培养孩子的自我价值感比较容易。从孩子小的时候开始，给孩子足够多的爱与陪伴，让孩子感受到爱和信任、尊重，在孩子学习与这个世界相处的过程中，给予孩子鼓励和信心，让孩子知道自己是有价值的、值得信赖的、美好的，孩子就能建立起对自己的认可，获得自我价值感这个坚韧的"里子"，而不用去和别人攀比"面子"。

当每个孩子都确信自己是有价值的，他的内心有对自己的信任和尊重，而且自我价值感不依赖于外在评价时，他才能从"面子"的黑暗势力中脱身，身心舒展地行走在阳光下。

说句"我爱你""对不起"就这么难?

| "恨"不能说,"爱"也不能说
| "不好意思"=不准备负责任
| 心口和喉咙之间,横亘着羞耻
| 真正的爱是努力去做,是分享内心丰富的滋养

["恨"不能说,"爱"也不能说]

不知道从什么时候开始,中国人特别愿意把一句话挂在嘴边,叫"不好意思"。但是这个"不好意思"经常让我觉得很不真诚。做错了事情,为什么不是直接坦诚地道歉,说对不起,而要说不好意思,好像和自己没有多少关系似的?还有,中国人很少说谢谢,真诚的感谢也特别不容易听到。相对于"对不起"和"谢谢"的清晰坚定,我们往往用一种含糊其辞的中间状态"不好意思"。为什么会这样呢?

一次,我举办为期四天的工作坊。第一天晚上有一个自由发问时间,结

果大家讲的基本上都是一件事：感觉在自己的心口和喉咙之间有一个地方堵得很厉害。在我的工作坊体系中，心口主管爱和情感，喉咙主管表达。大家感觉当有东西向上想要表达的时候，就在中间被卡住，喉咙里说不出来。当我们检视原因的时候，有学员说：武老师，如果表达真实的情感，无论是表达什么我都感觉到非常地羞耻。比方说"我很生你的气"，但如果我这样表达，我就觉得我在反对你，我在攻击你，自己怎么可以这样讲话呢，我就感觉到很羞耻。但是这种羞耻感比较轻，最难表达的羞耻感是：我好喜欢你，或者说"我很爱你"，或者说"非常非常感谢"。如果我由衷地这么说，你却给我一个鄙视的回答，说：别装了，看你说这话假惺惺的。那我就会很羞耻，羞耻就形成这么一种感觉堵在胸口。爱和恨是情感的两个很重要的部分，但是在中国，无论表达爱还是表达恨都很不容易。表达恨可能会被人恨，可能让对方觉得面子被你伤到了，报复你。所以大家觉得恨是不好的东西。

但是为什么表达爱也这么困难？因为我们有过这样的经历：我早就知道你不爱我，但是我竟然还这么渴望去爱你，我怎么这么傻。而且更愚蠢的是，我竟然还说出来了。作家赵赵有一本小说，叫《动什么别动感情》，说的就是很典型的这种中国式的情爱心理，表达爱就意味着我把心毫无保留地向你敞开，你如果没有回应给我爱，或者没按我理解的"正常"回应，我的感觉就是你给我插了一把利箭，所以我们不敢表达爱。

["不好意思" = 不准备负责任]

爱也不能说，恨也不能说，可是为什么老说"不好意思"呢？

说"不好意思"的人的感觉是：我是我，你是你，哪怕我们是亲人，我仍然深深地感觉到我们之间没有爱。所以我找你时，不能理直气壮，而是觉

武志红 · 真爱手册

—把爱活出来—

廿年八月甘之夜 子恺画

问：爱情和婚姻是一回事吗？
答：经历过婚姻的人，却未必经历过爱情，把爱活出来是非常不容易的事情。

问:为什么我处处为他着想,却得不到幸福?
答:一个人如果不爱自己,只会一味地照顾和满足别人的感受,那么,他将永远不可能获得幸福。

问：单身真的有那么可怕吗？
答：单身不是问题，真正的问题在于一个个"生病"的家庭，造就了一个个"生病"的孩子。

问：在爱情里，能做自己吗？
答：好的爱情，是让你成为你自己。

问：为什么很多优秀的女性都成了"剩女"？
答：社会学原因：女性都希望男性优秀一点，男性都希望女性"低"一点；心理学原因：小时候被抛弃过，害怕建立亲密关系。

问：有了孩子后，妻子和孩子的关系越来越好，为什么我却感觉在家里很孤独？
答：夫妻关系永远是第一顺位，家庭核心关系出现错位，当然会有被排挤的感觉。

问:为什么恋爱时因互补而吸引的两人结婚后却战争不断?
答:因为人的自恋。我们总是认为我是对的你是错的,你要按照我的来,所以会出现婚姻的战争。

问：亲密关系中有什么改变对方的良方吗？
答：谁都希望别人顺着自己，当你想改变对方的时候，反其道而行之，你去配合他顺着他，他也会调整步伐来顺着你。

问:一段关系携手到老,靠的是什么?到底什么样的爱情能天长地久?
答:婚姻中双方都被需要、被认可、被尊重,最重要的是彼此都相互爱,这样的婚姻才会稳固、坚不可摧。

问：我怎么去爱一个人？
答：以自己的真实存在，与对方的真实存在相处而生出的爱，才是最踏实、最真切的爱。

问:怎样才称得上是灵魂伴侣?
答:你看得见他,他也懂你,双方都能感觉得到爱。

问:都说恋爱是美好的,但我为什么觉得这么累呢?
答:在爱情关系一开始会盲目把对方理想化,忽略对方的缺点,但幻想终会破灭,你慢慢会发现对方跟自己想象中的差别越来越大。

问:我努力变成他喜欢的样子,为什么他还是不满意?
答:你为什么要按照别人对你的要求去过自己的人生?

问:家里的大事小事都是我一个人操劳,为什么老公还抱怨和指责我?
答:我们对伴侣的抱怨,其实多是对自己的不满。有时候对方的敌意和攻击,未必是针对你,可能是针对他自己。

问：我特别怕被别人否定和拒绝，在亲密关系中也越来越没自信，怎么破？

答：不要为了成为别人喜欢的样子而浪费了属于自己的一生。

问:如何在婚姻中经营感情?
答:婚姻也有相处之道,有话好好说,有心事要及时交流,懂得表达自己的诉求,真实地看见对方的需求。

问:我们的婚姻名存实亡,为什么他不肯离婚?
答:离开已经不合适的关系,并不会立刻带来实际的好处,但却会带来分离的焦虑和痛苦。

问：我把自己的攻击性隐藏起来，非常地忍耐，自我牺牲，为什么我老公还不领情？
答：这里存在着一种隐形的攻击，你用"我很好"来攻击对方，就是因为我很好，所以我们婚姻的问题都是你的问题。这些"牺牲"的背后，对方其实感觉不到爱。

问:为什么一些人会如此渴望支配恋人?
答:这背后都有一个共同的原因,恐惧分离。他们认为,支配是好的,支配欲强的人才会得到对方的爱,才会保证对方不离开自己。

问：为什么我们经常为了一些鸡毛蒜皮的小事吵架？
答：两人之间会出现冲突，不是因为你没有选对人，正是选"对"了人。

问:明明是关心他,为什么一出口却伤人了?
答:你想要什么先给什么,即敌意一定唤起敌意,而爱则唤起爱。

问：一见钟情可靠吗？
答：一见钟情往往迷恋的是投射到对方身上的一个幻象,并不是真实的存在。放弃幻想,直视真相比较好。

问：一有问题伴侣就回避，我就像一拳打在棉花套上不能发力，怎么办？
答：逃避的伴侣是婚姻中最毒的伴侣，学会表达愤怒是调解关系远近的重要武器。

问:一个受过伤的人,会更懂得珍惜吗?
答:如果拒绝反省,拒绝改变自己,而只是梦想着找到一个"正确先生"或"正确女士",结果不过是在收获一次又一次的轮回而已。

得打搅到你了，因此心里面不坦然，觉得不好意思。虽然不好意思，但我还是要来找你，要让你为我做点儿事，否则很多事就做不了。很多时候，人和人之间不可避免地需要相互利用，相互为对方做事情，然后又会觉得不应该，所以会不好意思。

为什么不说"对不起"呢？因为对不起表示真正的内疚，只有伤害了自己在意的、爱的人，我们才会感觉对不起。伤害了自己所爱的人，就是伤害自己，看到对方疼痛，自己感觉也会疼痛，这才是真正的内疚感。但是如果你不爱我，我也不爱你，我感觉我打搅了你，给你添了一点点麻烦或者造成不方便，但是你的不方便跟我有什么关系呢？我也不准备承担责任，所以我不说"对不起"，只说"不好意思"。

不说"感谢"而说"不好意思"也一样，说话的人不觉得对方是自己在意的人，所以他选择绕圈子，很隐讳、很委婉地表示自己内心不愿意与对方建立真实的连接，而且他不相信可以建立真实的、深刻的连接。

其次，不管是表达对不起还是表达谢谢你，还是表达感恩、表达感激或者表达愤怒，表达的人都需要为这部分情绪负责。如果我表达我很爱你，或者我很恨你，或者我对不起你，这些简单、单纯、强有力的感情表达，都可以让两个人建立起更深刻的情感连接。如果只说一些轻巧的、含糊的、绕弯子的话，就代表他可以不用对这件事情的情感连接负责任，同时对方体会到的则是不真诚，自己不被重视。

| 心口和喉咙之间，横亘着羞耻 |

其实，表达"对不起"和"感谢你"是一个很有用的心理训练。但假如你发现你内心空空荡荡，没有爱，就没法训练了，需要通过很深入的学习才

能发现爱。我给我的学员做的训练，就是去觉知他们的心口和喉咙之间卡的东西到底是什么。细看，都是羞耻。而羞耻来自哪里？来自在家里表达爱被拒绝了，表达恨被打击了，表达真挚的情感被羞辱了，所有这些，就变成了羞耻的感觉藏在心口和喉咙之间。

要顺畅表达情感，首先要把这些羞耻的感觉呈现出来，表达了，喉咙和心口之间的通路才会顺畅。通路顺畅之后，第一时间出来的，总是愤怒，就是对事情不满，对他人不满。相当长一段时间，这个清理堵塞的人都在表达恨，而爱还要等一等，要等到恨和悲伤都表达了之后，爱才可能升起。

所以我们会看到醉酒的现象，越是压抑的地方越常见，一个人喝完酒之后与喝酒之前完全是两个样子。喝酒之前文质彬彬，特别有涵养，喝完酒之后就会表达非常多的愤怒或者欲望，或者特别没正形。但如果这个人平时不是很压抑，平时就会为自己的情绪担当和负责，那么喝完酒之后也不会是那个样子。

[真正的爱是努力去做，是分享内心丰富的滋养]

从表达"对不起"和"感谢你"延伸开来，是关于爱的表达。

"感谢你"原本是爱的表达的一种。中国人很难说"感谢你"，除了表达不顺畅之外，还有一个很深刻的原因：我并不觉得你多么爱我，我干吗要表达感恩，比如现在的孩子对父母可能就有这样的心理。父母那么操劳，为什么不容易让孩子感恩呢？因为中国的父母通常会传递这种感觉给孩子：你欠我的。

我曾经说，中国的父母，特别是妈妈，是制造内疚的顶级高手。

中国的母亲们，如果她们心里有爱，她们给孩子的爱就会自然而然，不觉得费劲，爱会从母亲那里自然流向孩子。但如果母亲们的心里是空空荡荡的，她们并没有得到过爱，要去爱孩子，就需要格外使劲，而且有一种牺牲感：我把我的东西给你了，我就没有了。所以她们当然就觉得孩子欠她的，她们做了一件极其伟大、极其用力的事情。

自然而然的，孩子会反感母亲传递的这种感觉，但是对于这样的一个妈妈来讲，她有这样的感觉很自然，因为她心里没有爱。她没有被爱过，所以她制造内疚感，用内疚感来控制孩子。因此孩子特别分裂，理智上孩子觉得应该感恩父母的付出，但是情绪上非常反感，因为多年来孩子已经早被控制得受够了。

我一个朋友的好友是个单亲妈妈，自己一个人带着两个儿子，现在两个儿子都出国了。我们聊天说到教育孩子，她说，我只教会他们两件事：一件是爱，学会去爱自己和爱别人；第二件是责任，你要为你做的事情负责任。她说，我的孩子知道我很爱他们，但是我从来没有对孩子说：妈妈很爱你，妈妈很不容易。我觉得这些话对孩子是一种控制，孩子会觉得压力很大。你爱他，你不用说，你做的所有事情，对他的包容和接纳，孩子自己会感觉到妈妈的爱。

这是一个很智慧的妈妈，她明白真正健康的爱是努力去做，给自己爱，然后把内心丰富的滋养分享给对方，而不是让内心空空洞洞的，非常努力地为对方"付出"，"你欠我的"和牺牲感都不是爱。

这个故事中，如果这个妈妈能够很自主地对孩子说我很爱你，其实也挺好，她把一切都做了，同时让语言表达很自在，这很好。外国人动不动就说 I love you，情绪表达很顺畅，不过东方人在情绪表达上总是更含蓄委婉的。

"中国式好人"在婚姻中的危害

"好人"心里藏着破坏欲望
你的价值建立在你对他人的价值之上？
对自己很残酷，对自己的亲人更加残酷
"好"的程度越严重，"恨"的程度也越严重

"好人"心里藏着破坏欲望

"中国式好人"这个概念，最早是在《心理月刊》上提出的。我们说"中国式好人"有这样一些特点：爱面子、对家里人不好、对外人特别好、非常善于隐忍、从来不敢大胆说"不""我要"或者"痛苦"；给人的感觉不仅是"老好人"，而且责任感、道德感都极强；可事实上，他们总是在背负着强大道德责任感的同时，干一些非常缺乏基本道德的事情，而且基本不敢维权。

有这个概念是在2011年的时候，但最初是由看电视剧《渴望》所引发的。剧中主角刘慧芳就是一个"中国式好女人"。在我们的文化中，表面上是希望女人温柔、贤惠、知书达理、很会为别人考虑，但从不考虑自己，可在我的观察里，这种情况在男性中更普遍。"刘慧芳"是我们的文化所追求的，但在

现实生活中这样的人并不多。相反，在我们的生活中，这种被动、消极、对别人很好、愿意扛责任、抗压力的男人却很多。当然，这可能和我的个人经验有关。我曾在开玩笑时说：过去我谈恋爱去女方家里的时候，之所以很容易得到丈母娘的欢心，是因为我脸上"写"着——憨厚、老实、可靠。对此，我的感慨很深。

这样的人其实是大批量存在的，是很典型的形象。但其实，这个"好人"心里住着一种很恐怖的东西——破坏欲望，甚至可以说是愤怒和仇恨。而"好人"的这张"脸"，就是用来防御内心的魔鬼和自己的攻击性的。比较常见的现象是：如果一个女人找了一个"好人"做老公，别人提起时就会说那个人可好了，那个人怎么怎么好；而这时候，这个女人常常是苦不堪言、有苦说不出的。

艺术家岳敏君的雕像——一个红色的闭着眼睛、咧着嘴笑的"红人"，样子很恐怖——我觉得这就是对"中国式好人"经典、集中的表达。我在微博上引用过岳敏君的画作，有人提问：他睁开眼睛是什么样子的？我想，他睁开眼睛的话，可能会很恐怖。一方面别人看到他会觉得恐怖；另一方面他自己也会感到很恐怖，因为很多真相他是不愿意去面对的。

| 你的价值建立在你对他人的价值之上？ |

很多人觉得个体是没有价值的，只有投身于集体，个体才有价值。其实是说，你做一个对别人"好"的人你才会存在。你的价值，是建立在你对他人的价值之上，而不是你的生命首先焕发出价值，才有可能带动别人。这是"好人"在文化上的含义。

家庭、家族里也存在着"重男轻女""男人就是家族的象征"这样的观念。

心理学家李孟潮说：男人是"小太阳"，"小太阳"们被家人寄予了无限的希望，结果他们就不再是他们自己了，因为他们要成为父母、家人眼中的"那个人"，而女人因为被忽视，反而能做她们自己。

按照弗洛伊德的人格理论，个体人格是分为"超我""自我""本我"三个方面的。这些"中国式的好人"有一个非常强大的"超我"，这个过于强大的"超我"让"本我"过度压抑，并产生非常多的愤怒；"本我"的愤怒和"超我"的强大控制极大地限制了"自我"的发展，让他们无法发展成一个健康的"自我"，因此人们看到的"中国式好人"其实是一个"空壳"。通常是"好"的程度越高，"空壳"的程度就越高。他越好，别人就会感觉他越空，没有自己的生命力，很无趣，即使跟他交往也碰不到他的真实内在，似乎他是戴着面具的。

有的伴侣关系看起来就是"一个是天使一个是魔鬼"。本来"魔鬼"没想当魔鬼，是那个"天使"把他逼成了魔鬼。我经常对来找我做咨询的夫妻说，你们家里有一把椅子，一把是"天使"的椅子，一把是"魔鬼"的椅子。"天使"霸占椅子不下来，对方为了与你互动，只好坐在"魔鬼"的位置上。

| 对自己很残酷，对自己的亲人更加残酷 |

"中国式好人"在结婚之前，也就是恋爱的时候，大家觉得他挺不错的。这个人看上去憨厚、老实、有责任感，虽然有时不够有趣，却也带给人"暖男"的恋爱体验，正是很多女孩子要找的安全伴侣。可是真正进入婚姻后，妻子的感受可能就完全变了，慢慢地发现他对自己人一点儿都不好。为什么？

大家所谓的"好人"就是对别人好，他对自己人就不会那么好。结果问题出来了——外人永远都是外人，而亲人是自己的一部分，在恋爱当中"好人"还存着"我要照顾你,把你照顾好"的念头,进入婚姻之后,作为"好人"的亲人,就要成为被忽略的人。因为忽略自己,所以他也忽略自己的亲人,因为亲人等于一部分的自己。

我认识一对夫妻,丈夫就是这样的"好人"。丈夫有一个特点,外人看起来特别好,没的说。可是对自己人说话特别狠。妻子说:"我根本不敢跟我丈夫发生矛盾,一旦有了矛盾,他那话说得句句像鞭子一样抽在我心上。他对别人从来不这样,就对自己人这样,而且所有事情都是先想别人,最后才想自己的家人,总是一副'家里人理解我、体谅我是应该的'的样子,所以跟他在一起特别难受。"

这个妻子没有说出来的感受是:随着时间的推移,你会发现这个"好人"是个空壳。你会很愤怒,因为觉得冰冷、孤独,无法交流。你会希望他可以活出自己的生命力,还可能对他有下意识的攻击。但是"好人"的逻辑是这样的——我已经付出了一切,你怎么还不满足?你还攻击我,你这个忘恩负义的家伙!然后"好人"的愤怒和攻击会加倍。所以"好人"的家里是很容易充满愤怒的。

我有一个来访者小花(化名),她妈妈是一个超级"剩女",后来找了一个"渣男",也就是她的父亲。小花的妈妈是小花父亲的第二个妻子,以前的第一个妻子已经有几个孩子留给小花的父亲了。

小花的妈妈总是不愿对小花表示亲近,小花就问她妈妈:"你是在有意地忽略我吗?"她妈妈说:"是的,我确实在有意忽略你,因为我要保持公平。否则大家就要说我对自己的亲生女儿好,对不是我亲生的就不好。为了避免这种嫌疑,我会刻意地疏远你。""中国式好人"就是这种逻辑,对自己很残酷,对自己的亲人更加残酷。

| "好"的程度越严重,"恨"的程度也越严重 |

据我观察,"中国式好人"除了会有伴侣或亲子关系的困扰,让家人陷入绝望之外,自己的身体也容易出问题。因为一直在不停地进行自我攻击,他的免疫系统会被自己破坏。为什么会有"自我攻击"呢?因为做"好人",就必须把对别人的攻击性屏蔽掉,于是所有的攻击都变成了对自己的内攻击,包括对家人的攻击。一些心脏病、高血压患者,包括癌症患者,都存在这种情况。他们都会说自己是累的,承担得太多。但其实不是,而是他的愤怒太多了。

很多时候,癌症患者,包括一些抑郁症患者,会有这样的说法——心累。因为他们的情绪太压抑了。所有被压抑、被彻底否认的情绪,就以癌症的方式,在身体里呈现出来。

我的一个好朋友是抑郁症患者,而我是帮助治疗抑郁症患者的人。我在走近抑郁症的过程中,有一个很深刻的体会——抑郁症就是对所有不爱自己的人的一种终极惩罚。因为他不爱自己,而总是用外在的标准要求自己。抑郁症患者总是像"中国式好人"一样,大部分都自我要求很高,工作表现非常完美,让自己不停地变完美,而且很注重外界的评价;心思很细腻,内攻击力很强。"中国式好人"的这种自我攻击如果发展下去,很可能变成抑郁症、焦虑症等精神方面的疾病,或者是心脏病、高血压,甚至癌症等身体方面的疾病。

按照弗洛伊德的生命动力理论,"性"和"攻击"是人类的两大动力,把攻击性屏蔽掉的人自然像个假人。中国有句老话,"好人不长命,坏人活千年",这也是事实。为什么"好人"不长命呢?他们心里有一个魔鬼。因为"好人"太害怕这个充满怨恨的魔鬼了,"恨"的程度越高,自己"好"的程度也就越高。"好"的程度越严重，其心里的怨恨越严重。

在我做治疗的体验中，我觉我可以写"中国式好人"这样一本书，甚至想开一个"好人"改造营。对"好人"来讲，如果他们想治疗自己，想改变自己，特别重要的是，首先要意识到自己对攻击性的压抑；其次是要坦然地面对自己的攻击性，并学习用适当的方式表达、宣泄出来。这样才能慢慢活出真实的自己。

"中国式好人"怎么破？

"好人"的判断标准：日子过得舒不舒服
打破"好人"魔咒的第一步：学会维权
打破"好人"魔咒的第二步：建立边界
打破"好人"魔咒的第三步：爱自己

["好人"的判断标准：日子过得舒不舒服]

上一篇我们谈了"中国式好人"在家庭关系中可能存在的问题，这一篇我们就来说说"中国式好人"如何进行改造。"中国式好人"在生活中有很多，甚至我们自己某种程度上就是，我们的文化也是培养这种"好人"的沃土。假如不借助心理医生的咨询干预，我们怎么进行"自我觉察""自我改造""自我成长"呢？在改造之前，"好人"需要有一个判断标准："好人"的日子过得舒服不舒服。

对于个体来说，每个人最重要的东西就是他的"自传"，也称"自我概念"，即个体对自己、对自己生活的认知、定义、判断和解释。就像我一直关注"中国式好人""巨婴"，首先是因为在我的自传里，定义自己就是一个"中国式好人",是一个"巨婴"。看起来我在分析别人,实际上我也是在分析和理解自己。

作为"中国式好人"之一,我有一个很深的感慨——我见到很多"好人"企业家,他们的企业之所以能发展起来,就是因为他们对人特别好,特别讲诚信、有担当、讲义气……但是,这样的人自己过得很不舒服。最常见的是:感觉自己很压抑,不自在。到底"压抑"和"不自在"些什么呢?这是第二步要探讨的。第一步要探讨的是:"中国式好人"感觉一下自己的生活过得舒服不舒服。自己感觉舒服(自欺欺人的不算)自然没什么问题,如果感觉不舒服,才需要进入第二步,认识更深一点儿的东西——让自己不舒服的是什么。

我曾经说过一句话:"世界是相反的。"即:当一个人身上有 A,同时也就意味着他有 -A。比如,你看见武志红"好人"程度是 8.5 分,那么他心里"魔鬼"的程度也是 8.5 分;你看到青音有 8.5 分的温柔,那么青音就有 8.5 分的叛逆。

所以"好人"要意识到自己心中有"好人的对立面"——坏。我写过的文章里提到,中国式好人的"好",是在防御内心的"恐怖",是在防御内心的"坏"。我们对这一点一定要有深刻的理解。从某种意义上说,"中国式好人"其实是一直努力在做好人的"坏"人,这样的人很容易成为最坏的人。比如灭门案里,那些"灭"自己家,或者"灭"自己老婆家的男人,他们有一个共同的特征——通常是众口称赞的好人,而且通常都内向得不得了,比如"大兴李磊"这样的。

因为他们"好"的程度就是他们内心压抑的程度,也是他们内心"魔鬼"的程度。通常一个人如果"好"的程度达到了 8.5 分,我认为这个人就已经不能自我碰触到内心的"魔鬼"了。到了这个程度,平时遇到任何问题,他只能自己尽可能地隐忍;但是一旦突破临界爆发,可能就会制造非常血腥的案件。所以，这种"极端的好人"很容易成为最坏的人。

| 打破"好人"魔咒的第一步：学会维权 |

既然"好"不能走极端，那么我们怎么恰当地释放自己的"坏"，以平衡一下呢？比如，我们闯个红灯，违反一下交通规则？并不需要。如果想打破"好人"的魔咒，我们首先要学会的，就是维护自己的权益，学会主动说"不"。如果一件事侵犯了我们的权益，那就不干。

刚开始的时候，对自己好，"好人"们会不自在。"对自己好"可能很勉强，甚至需要有点儿强迫自己。比如 2008 年之前，别人请我讲课，虽然我 2005 年就已经出名了，但是当有人问我："武老师，请你讲半天课，要多少钱啊？"我都会说："你们看着给吧。"为什么不谈钱呢？因为我觉得谈钱、谈欲望是件很羞耻的事情，而我不能做那个"坏人"，不能表达自己内心对钱的欲望。

2009 年，我第一次开自己的课程，留了我和我女朋友的电话，我是个"好人"，而她是一个"坏人"。因为她对金钱、欲望的需求明确，所以她觉得别人太剥削我了，然后她就开始捍卫我的利益，说："一千、三千这样的价格怎么行呢！"结果打电话向她报名的人，没有一个人和她谈价格，但打电话向我报名的人，都会和我谈价格，就好像这是我的内心"勾引"他们谈价格一样。

我后来明白了，很多时候别人对我们的不珍惜，对我们的随意对待，欺负我们，都是我们自己欺负自己引来的。别人会按照你对待自己的方式来对待你。你老是贬低自己、攻击自己，所以别人也会贬低你、攻击你。

所以，要打破"好人"魔咒，我们首先要学会的，就是对自己好。要刻意对自己好，时刻提醒自己，我不可以欺负自己，我要对自己好点儿，我值得拥有自己向往的美好。

打破"好人"魔咒的第二步：建立边界

当你学会了维护自己的权益，对别人说"不"之后，打破"好人"魔咒的第二个步骤，就是跟别人在一起时，建立清晰的"边界"。生活中事情那么多，哪些事情是你的事情，应该由你说了算，哪些事情是别人的事情，不应该你对它负责任，都要逐渐形成自己清晰、明确的判断，并在事情处理上体现出来。

人自然而然有自己的感受和欲望，要发出自己的声音。当别人让自己不舒服时，或者自己觉得合理的要求，可以坦白说出来；自己并不想满足别人的要求时，可以拒绝。这是自然而然的事，不叫"坏"。如果你认为这叫"坏"，那就不妨问问自己，是不是真的知道什么叫"好"。真正的"好"是：你好，然后带动大家好。你不好，其实大家都跟着你难受。以牺牲自己为指向的"好"是不能带给大家好的感受的，这样的"好"其实是"不好"，会影响大家都不能真正地做自己，都不会真正地爱自己，这是更糟糕的事情。

所以，提醒所有不愿意再做"空壳"的好人们，你要经常对自己说，也要经常对别人说：我是好人，但我不好欺负！要经常维护自己事情的"边界"，坚持自己的立场，好好地爱护自己。

建立边界，需要从每一件事情去做功课。比如说对钱的态度。以前我也知道钱是好东西，但我获得收入的欲望完全被压抑掉了，现在我可以坦然地和别人谈收入问题，可以充分享受有钱原来这么好，特别让人放松。这种放松的自由感实在是太美好了。所以我在心里由衷地感谢所有在金钱上给予我帮助的人：买我的书的人、上我的课的人、我的来访者。总之，我感谢一切。

建立清晰明确的边界，让我享受到放松的自由和美好，让我对一切心生感激，而这份感激又让我有更大的动力与大家分享我对于心理学的理解，带给大家需要的帮助，这才是真的"好"。

[打破"好人"魔咒的第三步：爱自己]

说到我对所有帮助过我的人的感激，我的朋友说："其实你应该感谢的人，是你自己。你分享的观点、写的文字、做的节目，都给予公众极大的启迪，大家都应该感谢你。我一直深深地相信，人与人之间的心灵就像夜空当中的星星，一定是互相照耀的。所以有一天，当你进步到开始由衷地感谢自己时，你的改造就算完成了。我觉得你一定会做到的。'感谢武志红：我这么智慧，我培养了这么多学生，这么多读者看我的书，武志红你太棒了！武志红我很爱你！'当你能对自己说这样的话时，你就真正带领大家学会了更爱自己。"

其实我对自己还真是挺满意的。我总是对自己说，没事儿，你有70分就挺好。70分的长相、70分的聪明、70分的能力、70分的勤奋，加在一块儿，稍微努努力就80分了，人生就挺不错的了。做人要留缝儿，所以，虽然知道自己一身缺点，还是觉得挺好的。

有句话我经常在节目中提醒听众：学会爱自己，才能像一眼活泉一样给别人滋养，否则你就是死水一潭。当你自己的内心都发臭了，你怎么可能迸发出生命的活力呢？希望大家由衷地先对自己好。真正地爱自己，才能好好地爱别人。

老公是"妈宝男",怎么破?

| "妈宝男"的特征:始终与妈妈一体
| "妈宝男"的"爱",是对"恨"的防御
| 遇到"妈宝男",你该怎么办

| "妈宝男"的特征:始终与妈妈一体 |

我有个朋友,今年已经34岁了,但是一直没有经历过持久深刻的恋爱关系,女朋友都是交往几个月就分手,用他的话说,就是"我妈不喜欢"或者"觉得她跟我妈有点儿合不来"。聊天的时候,他提到什么观点时经常会说"家母曾经认为""家母觉得",还说得文绉绉的。刚开始我想,他会不会是同性恋?后来觉得不是,他并没有表现出对同性的倾慕或者迷恋,最常说的就是"家母家母"。后来我想,这个人一定是个"妈宝男"。

"妈宝男"现在似乎挺多的。在微信公众号"青音"后台的留言中,就经常看到有女性抱怨自己的丈夫或者男朋友是"妈宝男",什么都听妈妈的,觉得很烦恼。那么,什么样的男人属于这个行列呢?我总结了一下常见的三款

"妈宝男"的特征。

第一种类型：妈妈永远是对的。

台湾学者孙隆基在他的书里讲美国文化时，提到一种"大妈咪"主义。一般人受电影的影响，对美国的父子文化比较有概念，美国的电影多数都反映父亲和孩子的关系，像《蝙蝠侠》和《蜘蛛侠》讲的都是一个男人如何与自己的父亲相处。但孙隆基说美国有一种"弑母文化"，所有孩子都需要在三岁之前，挣脱心理上对母亲的依赖和共生，在想象层面，或者说潜意识层面，把妈妈"杀掉"。与之相对应的，是美国人还有一种"大妈咪"主义。在我那个"妈宝男"朋友身上呈现出的，就是"大妈咪"主义。"妈妈永远都是对的""这是我妈说的""家母说的""家母认为"。"妈妈说的"成为他的口头禅，妈妈的话就是圣旨。

在这样的家庭里，在这样的关系中，他其实只是一个蛮可怜的"妈宝男"——妈妈是女皇，他只是一个听妈妈话的"妈宝男"。

第二种类型，妈妈心头永远的宝贝。

无论家里养加菲猫还是鹦鹉，当猫或者鹦鹉学会做任何一件事的时候，我们的反应都是"哇！太可爱了！""哇！好棒啊！你真了不起！"比方说，鹦鹉会开它们的笼子了，我们一方面觉得担心，因为说不定什么时候它们就跑了；但同时又会觉得"哇，你太了不起了"。由这里我们就想到，妈妈看孩子的角度。可以想象，妈妈看孩子更是这种感觉，孩子做任何一件事情都是了不起的。孩子会说话了，孩子会走路了，孩子会吃饭了，孩子会打滚了，都会令父母觉得充满新奇。

哪怕孩子已经长大，成家了，如果婆婆和小两口儿住在一起，那么在婆婆的眼里，她的儿子仍然是一个小宝贝，她还是觉得，自己的孩子做的任何一件事情，都很了不起。

"妈宝男"是妈妈心头永远的宝贝，这可以理解，但是妈妈这样看儿子，儿子也一直以此自居，这就会有问题。

因为他的妻子对此肯定有完全不同的看法。妻子需要的是男人，是有力量的，能够保护她的，能够支撑她的，至少是对等的、平等的、独立的一个负责的男人。而且相对来说，女人期待男人更加支持她一些，所以妻子很容易对丈夫不满，于是家庭矛盾就产生了。而男人和妈妈的连接，很可能比和妻子的连接更紧密。这样的男人也是一种典型的"妈宝男"。

第三种类型，"我和妈妈是一体的"。

从小如此，这种关系一直延续下来。

我有一个好友，说她婆婆来他们家住，夏天，她老公还在房间里，她婆婆就把衣服脱了，开始换内衣。她特别惊愕，赶快跟她老公说："你快出去，快出去。"这时婆婆说："这有什么关系，他是我喂大的，还能没见过吗？"后来又出现了清晨五点婆婆来他们卧室擦床头的事情。好友觉得，她的生活完全被婆婆侵犯了，但是丈夫跟婆婆都觉得，这有什么呀？丈夫甚至还指责她说："我妈来了，这么勤快给咱们干活儿，你有什么不满意的？"

我们知道，对所有人来说，在刚出生，作为婴儿的时候，妈妈对孩子的关心，会令孩子有和妈妈共生在一起的感觉，这种情况一般是在三岁前存在。"妈宝男"的形成原因关键就在于，他现在已经三四十岁了，却还始终和妈妈一体，是妈妈眼里、口里、心里的小宝贝，没有分离，没有让自己成长为一个独立的成年人。

| "妈宝男"的"爱"，是对"恨"的防御 |

"妈宝男"的话题如果进一步延伸，我们能看到，其实"妈宝男"是很可

悲的。表面上看，一个大男人作为儿子，可以心安理得地享受与妈妈亲密无间的关系，似乎很幸福，但这只是表面现象。我做过的很多个案里，"妈宝男"其实很不喜欢妈妈和他紧紧地共生在一起。其实他们恨妈妈。因此网上还有另外一个词，"厌女症"——就是讨厌女人。严重的"妈宝男"内心都有严重的"厌女症"，只是他不一定能够认识到这一点。

"妈宝男"不是身为同性恋的那种"对异性没感觉"，而是由于这么多年被妈妈过分控制、入侵，跟妈妈黏连太多，所以对女性整体反感。当这种情形出现时，他会格外对他的妈妈表现出"好"的部分，而对另外的女人，特别是他的妻子，表现出"厌女"的部分。所以，做"妈宝男"的妻子，是一件痛苦的事情。

比如我那个好友就说：其实她丈夫跟她很不亲密。结婚前，她看到丈夫对婆婆这么好，她很感动，觉得这个男人以后一定也会对她这么好。结果结婚后她发现，他只对他妈妈这么好，对别的女人都不好。

从心理学上说，他只对他妈妈好，是因为他屏蔽了他对妈妈"恨"的部分。所以，假如要治疗"妈宝男"（有很严重的"妈宝男"到我这儿做咨询），我一定会让他做一个功课——让他看到他自己对母亲的恨意。"妈宝男"的症状越严重，妈妈对他的控制越深，他对妈妈的恨意就会越重。重到什么地步呢？严重到都想过把妈妈杀掉。"妈宝男"的潜意识里都有一种想把妈妈赶走，不想让妈妈出现在生活当中的冲动。

孙隆基讲美国"弑母文化"时说，所有的孩子都需要在三岁之前，把妈妈给"杀掉"。当然，这是指心理上的"杀掉"，不是指客观行为。也就是说，孩子需要离开妈妈，他要从母婴关系里脱离出来（心理层面的脱离）。而且在这个脱离期，孩子还需要父亲的帮助，才能顺利完成。

每个成年的"妈宝男"在对母亲强烈的爱的背后，其实都有一种强烈的恨。按心理学的理论，如果不能自由地恨，就不会有真正地爱；如果不能有拒绝，就不会有亲密。所以，"妈宝男"对妈妈好像只有爱，只有亲密，其实这是假的；作为替代，"妈宝男"的妻子在"妈宝男"旁边就经常会感觉到致命的孤独。

对于"妈宝男"来说，妈妈入侵他的生活，他心里也会不舒服，但是他不能表达。他内心相当于一个很大的水库，对妈妈的"恨"是这个水库里的水，水被"爱"的堤坝挡着，他不敢让"堤坝"出现漏洞，因为有漏洞以后，"恨"就会一发不可收拾，会全部宣泄出来。他心里对妈妈的"恨"是很严重的，几乎无数次想把妈妈杀掉；而这种"恨"也是他自己不敢面对的。如果他看到自己对妈妈恨到这种地步，他心里又会对妈妈充满内疚。这种内疚就是捆绑"妈宝男"内心的枷锁，也是"妈宝男"问题的核心。

通俗地说，就是"妈宝男"的内心其实是不希望妈妈跟自己这么紧密的，但是他的能量没有强大到可以把妈妈推开的程度。其实他内心非常想逃离，不愿意和妈妈纠缠在这种很紧密的关系中。但是妈妈又为他付出了很多，于是他一边想逃，一边又为这种想逃离的念头感到非常内疚，由此反反复复。清醒地说，"妈宝男"对妈妈的情感是非常复杂、非常沉重、色调灰暗的，不是健康、轻松、愉快的。

我观察到，很多"妈宝男"在很年轻的时候，就已经半头白发了。我可以理解他们内心深处的焦虑和纠结。一直被妈妈困在身边，一直和妈妈共生在一起，这种状态无论对男孩还是女孩来讲，都是很大的束缚。相对男性来说，就更是一种桎梏，因为这样一来，男性的雄性力量就完全展现不出来了。

遇到"妈宝男",你该怎么办

有不少人问我:我老公就是"妈宝男";或者我现在找的男朋友就是这样的,那怎么办呢?

说实话,我个人觉得这种情况不容乐观。我会这样建议:你先看看他的症状严重程度,再考虑怎么办。

而且,我们知道事情是有两面的,如果他对妈妈的言听计从是 9 分,那么他对妈妈的恨也是 9 分。但这个"9 分"的恨在他的潜意识里,显意识里却不能表达,因此,作为补偿,他只有把"恨"表达给妻子,所以作为他们的妻子就会很痛苦。因此我这样建议:如果"妈宝男"的程度在 8.5 分以上,你就不要考虑嫁给他了,让他自己待着去吧。当他觉得很痛苦的时候,他才可能想着去改变。如果是 8.5 分或者再低一些的,那是可以做些工作,但这个工作也很不容易做。

而对于那些成家了,老公是重度"妈宝男"的女性,我真不知道该怎么办。我觉得,她们能做的,只是让"妈宝男"过来找我,我可以有办法。但如果这男人是严重的"妈宝男",完全意识不到自己的问题,也拒绝和妻子共同努力,我只能对他们的妻子表示深深的理解和同情,我觉得她们特别不容易。这样的女性,要尊重自己的感觉。如果你在这个家里感觉很孤独,很恨,很愤怒,是要表达出来的。

对于程度较轻的"妈宝男"的伴侣,有几个可以供大家试一试的办法:

第一种,让他意识到有问题。心理学上有一个观点:当你意识到某个地方有问题,或者有什么问题时,你大概也就知道自己该怎么办了,不需要别人告诉你。所以,如果你可以拉丈夫一起来学习一下相关主题的心理知识,让他意识到存在的问题,就有可能让改变发生。

第二种，如果作为妻子，你内心非常难以排解丈夫这种"妈宝男"的特性对你造成的伤害，那么就去找心理医生聊一聊。

第三种，作为妻子的你努力自我成长，强大自己的力量。在自己足够独立、足够强大的基础上，通过跟丈夫不断地沟通，带领丈夫和自己一起成长。但这是一个非常漫长、艰难的过程，而且需要你对他有足够的爱。

第四种，如果你发现自己的丈夫是"妈宝男"，但你又不想跟他离婚，也不想离开他，那么，在你对整个事情有了深刻理解、清醒认知的前提下，善待自己，让自己过好，把痛苦和孤独留给那个男人。因为，通常男人感觉痛苦的时候，他才会想去改变。

最后有一个提醒，也是最重要的提醒——如果你的丈夫已经这样了，请千万别再把儿子也培养成一个"妈宝男"，也别把女儿培养成一个和自己黏在一起的人。

◇ 第五篇 | **不肯放手的父母**

婆媳关系,两个女人的战争
婆媳关系的本质是三角关系
如何理顺婆媳关系
爸爸,放过你的女儿

不肯放手的父母 | 婆媳关系，两个女人的战争

婆媳关系，两个女人的战争

| 妈妈只有一个，媳妇可以再找？
| 儿子在妈妈理直气壮的"爱"中备受煎熬
| 共生与边界不清，使得处好婆媳关系难上加难
| 丈夫与婆婆的共生程度决定婆媳关系的好坏

[妈妈只有一个，媳妇可以再找？]

在中国，婆媳好像就是天敌。这也是中国特色之一。一个人需要对自己有清醒客观的认知才会成长，一个民族也是。说这些，是为了根据我们的民族文化，我们的民族心理发展特色来看我们的情感世界，以避免让我们的情感世界中出现更多的纠结。

婆媳关系的矛盾，在中国是一种普遍现象，在国外似乎就不一样。欧美当然也存在婆媳关系的矛盾，但都是单个家庭存在的现象，是某个家庭出了点儿问题。在中国是广泛的、大面积存在的，这是中国现象。当然这种现象在韩国也存在。

从 2007 年做心理医生到现在，我听了很多故事，也接过闹离婚的咨询个

案，这些故事或案例表面上一般都是以出轨为直接原因，或者男人出轨，或者女人出轨，但是真的深究下去，离婚大战的源头经常是从婆婆进入小家庭开始。当婆婆介入之后，妻子会发现丈夫的重点立刻来了个大转移，妈妈会成为丈夫的重点，而妻子有很强的被忽略的感觉。

有一个经典的问题，中国的女人都喜欢问男人，你妈和我同时掉进河里，你先救谁？在恋爱的时候，男人一般都回答得非常智慧。可是结了婚之后，男人的态度就会含糊起来，甚至流露出"妈只有一个，媳妇可以再找"这种特别伤人的态度。中国的妈妈呢，她倒不会问儿子这样的问题，但她会跟儿子讲各种故事，强调"以后不要娶了媳妇忘了娘"的寓意。儿子（或者丈夫）就在其中努力周旋，或者干脆逃跑。

有些热心人会长篇大论地来指导儿子说，妈妈很重要，儿子要怎么去平衡媳妇和妈妈之间的关系，要儿子学习怎么去照顾好妈妈，要让媳妇理解婆婆不容易，等等。其实这都是表面上的道理，一到家庭生活中，几乎不解决任何问题。

其实婆婆和妻子的定位是有清晰次序的。心理学中有这么一种说法：夫妻关系是家里的定海神针，在所有关系的排序里，应该把夫妻关系列在家庭第一顺位。所以根本就不应该存在"到底婆婆重要还是媳妇重要"这样的讨论。如果想让一个家庭安定，想让一代比一代好，丈夫就应该把妻子列在自己家里的第一位。

| 儿子在妈妈理直气壮的"爱"中备受煎熬 |

在中国，家庭关系中有一个特别严重的问题：家庭的核心关系不是妈妈和爸爸，而是妈妈和儿子。妈妈和儿子关系黏得特别紧，儿子变成了妈妈生

命中第一重要的人。这里，妈妈首先就违背了家庭的关系序位，她的丈夫对她来讲不是最重要的。这里面当然有历史原因，我们不在这里深究，只说现状。我们想象一下，有一个人对你最重要，一直排在生命中的第一位，现在这个人长大了，他要属于别人了，要被另外一个完全陌生的女人夺走。这个时候，妈妈是非常难以承受的。

如果家庭关系的序位正确，儿子是妈妈第二重要的人，相对来讲会好很多，因为妈妈还有自己的丈夫。但如果儿子是妈妈第一重要的人，这种分离就太难以接受了。

与之相类似的，有一个父女关系的问题。比如岳父看女婿，刚开始也是不太喜欢的多，毕竟他把自己的女儿娶走了。但是后来，岳父看女婿会越看越爱，与婆婆看媳妇只会越来越挑剔形成鲜明对比。原因在于在中国的传统观念中，大部分父母都接受一个观念：闺女是给别人养的，闺女长大了终究会嫁人的。从感情上说，岳父可能一开始会觉得这个女婿配不上我闺女，但是慢慢他会接受这个现实，接受女儿终究要成为别人的妻子，他能慢慢接受女儿的离开；而且男人之间的战争比较单纯，即使一开始比较激烈，一旦达成谅解，能够相互欣赏，这件事就过去了，有的岳父和女婿甚至能成为朋友。

而在婆媳关系中，妈妈永远觉得儿子是我们家的，自己和儿子才是一家人，媳妇是外来的，现在儿子完完全全为你所有，我是不能接受的，所以会理直气壮地去和媳妇争夺儿子。婆媳之间的战争可以持续一辈子，而且可能越来越惨烈。儿子则在妈妈理直气壮的"爱"里备受煎熬，越过越痛苦。

| 共生与边界不清，使得处好婆媳关系难上加难 |

中国有两个权力体系，一个是社会的权力体系，一个是家族的权力体系，

都是以男人作为单元构建的。所以在过去的中国家庭中，女人是没有空间、没有位置的。女人要体现自己的存在，就要把自己镶嵌在一个男人的身上。她的价值需要被丈夫和孩子，而且必须是男孩赋予。哪怕到现在，在中国一些有严重重男轻女传统的地区，很多家庭的排序依然是：妈妈，或者表面上说是自己的父母，列在第一位，孩子第二位，亲戚第三位，工作第四位，媳妇就是最末一位。

可以想象，在这样的家庭里，媳妇是孤零零的，丈夫把她列在这么卑微的位置上，所以她既没有存在感，也没有情感的寄托，她必须生孩子，而且必须生儿子。因为生了女孩，她的地位不会发生改变，她心中对异性的渴望也没有发生改变。

生了儿子，她的地位就改变了。儿子虽然是一个小男孩，但心理学中有一种说法，每个女人心里都住着一个男性原形，所以她的心理需求必须要投射到一个男性身上，哪怕是一个小男孩。这样一来，丈夫没有让她得到的满足，她从孩子那里得到了。儿子既给了她社会地位，又给了她情感的寄托，所以母子紧紧地共生在一起。而且中国家庭的伦理鼓励妈妈无限地黏在儿子身上。妈妈也会自我催眠：因为我爱我儿子。

我有两个好友就遇到这种情况。一个好友的老公是"凤凰男"，她在家最头痛的就是老公的七大姑八大姨，不打招呼就来，来了一住就是很多天，什么时候走也不说一声，在家里随便吃、随便用。她的老公从来不觉得这是一个问题，如果她稍微提一点儿意见，老公会觉得她特别多事，说她本来就应该敞开怀抱接纳他的亲戚，为什么嫌贫爱富。她觉得嫁"凤凰男"真的很头痛。

其实她老公是博士毕业，在城市读的大学，但在他心里，自己的原生家庭及原生家庭的家族才是最重要的。他接纳这些亲戚，意味着让他妈妈，或者让他父母很有面子。如果不这么做的话，他的持传统观念的父母就会对他非常生气。这种现象非常非常多。

第二个例子，另一个好友，跟她的婆婆同住，早上四五点钟，天还不亮的时候，她一睁眼发现婆婆站在他们的床头，帮他们擦床头，她吓一跳，说天没亮，妈你怎么不睡，她婆婆说你们睡，你们睡，我睡不着，帮你们干点儿活儿。她就感觉不对：第一，你进我们的卧室你也不敲门；第二，你打着打扫卫生的旗号，其实是为了窥探我们两人，甚至是窥探我们的性生活，因为床是生活里最为隐秘的地方了。

但是她老公觉得，那有什么关系，我妈帮你干活儿，你还不乐意，这样你就不用干活儿了。此外，还有很多别的细节让她很难过。比如下暴雨，她跟她老公同时回到家，婆婆永远是先把干毛巾递给她儿子，永远不会考虑她。她觉得婆媳关系真的很难相处好。

这两个故事，心理学上可以用一个词形容，叫作共生。共生有两部分，一个部分是儿子和妈妈共生在一起；一个部分是儿子跟家族共生在一起。

七大姑八大姨，包括家里各种其他的人，甚至村里的兄弟，都是我的人，我和他们都是共生在一起的。如果我不把他们照顾好，我就让父母在家里没有面子，而且别人也会觉得我伤了他们的面子。至于媳妇则是个外来人，你进入我们这个家族，你当然应该和我一样，为我这个家族服务。这就是和家族的共生。

第二个例子就是母亲和儿子之间的共生。儿子一直和妈妈共生在一起，所以他当然不会觉得妈妈清晨过来给他擦床头有什么不对。但对媳妇来讲，她肯定是把自己的小家当成是我的地盘、我的家，但现在感觉自己倒像一个敌人闯入了婆婆和自己丈夫之间的共生关系里。而在婆婆和丈夫的潜意识深处，也的确会觉得媳妇像是个敌人，破坏了他们两个的共生关系。

与共生相对应的，叫作界限。但在中国社会中，很多时候，很多家庭是没有界限的。所以我经常会建议我的女性朋友，包括我的学员：如果你发现一个儿子和他妈妈的关系实在好得一塌糊涂，明显共生在一起，儿子动不动就"我妈说，我妈怎么样"，你就放手好了，不要和他妈妈争了，让他俩过就好了，别介入，你介入会很惨的。

| 丈夫与婆婆的共生程度决定婆媳关系的好坏 |

如果一个女性非常爱自己的丈夫，对自己的小家庭很在意，很有独立性，边界感很强，却又遇到一个与妈妈共生的丈夫，那她就会非常痛苦。因为解决婆婆、媳妇和丈夫这样的三角关系的关键在丈夫的身上，如果丈夫觉得我没问题，我和我妈一直是这样的，而是媳妇你这个外来人有问题，这件事就没法办了。除非是丈夫有清醒的意识，知道自己现在是一个成年人了，自己跟妻子的关系，跟妻子的家庭才是最最重要的，这件事才可能有转机。具体要看看婆婆和儿子病的程度，也就是她和儿子共生的程度，以及婆婆和自己丈夫的关系。

如果婆婆和儿子共生的程度是六七分，而且婆婆和公公的关系也还可以，那么，只要丈夫觉醒，问题就还可能解决，还可以让婆婆和儿子意识到他们俩的共生关系有问题。为了让家庭稳定，让下一代的孩子身体健康，应该让夫妻关系排在第一位，而将婆婆和儿子的关系列在第二位甚至第三位。

假如婆婆和儿子的共生程度到了八九分，这就非常难办了。如果婆婆与公公的关系还不好，那就更加麻烦，甚至无解。因为如果他们俩没有这个意识，媳妇就会左右为难，怎么着都不行，最后就会很惨。

所以要解决这个问题，首先需要丈夫有意识、有决心。当然媳妇如果觉得婆婆很难对付，就尽早打消"三世同堂共享天伦"的幻想，不要让婆婆和你们住在一起，也不要住得太近。婆婆没有进入小家庭，这件事就好解决了。

还有，媳妇在最初的时候，不要对婆婆有太多的期待，指望她能够像自己的妈妈一样对你。把婆婆当成长辈，尊敬她就可以了。实在想搞好和婆婆的关系，也可以没事陪她逛逛街，喝喝下午茶，组织老太太们出去旅游，投其所好，就可能拉近与婆婆的距离。

婆媳关系的本质是三角关系

婆媳战争里最隐秘的因素
直面最难启齿的问题

| 婆媳战争里最隐秘的因素 |

婆媳关系一旦出现矛盾，呈现出来的状态都特别胶着，让人头疼。那么婆媳关系矛盾的实质，或者根源，到底是什么呢？坦率地说，婆媳关系其实是一种三角关系，即是一场三角恋，两个女人在竞争一个男人，一边是他的妈妈，一边是他的媳妇。除了儿子不能和妈妈有情欲关系，其他方面和三角恋本质一模一样。

婆媳关系的另一部分涉及权力。这是一场战争，在儿子的家庭里，到底谁是女主人。

三角关系与权力争夺凑在一起，就构成了非常激烈的争夺。多数离婚大战从这儿开始，最后妻离子散，因为两个女人谁都不让步。对媳妇来讲她确实不能让步，她一让步她就没有家了；婆婆则会觉得如果我不能做这个家的女主人，这个家散了我也不怕，因为儿子反正是我的。

从这个角度来说，婆婆确实不应该去争夺这个位置，因为儿子已经在身体上、权利上、契约上属于另外一个女人了，这是一个基本事实。婆婆对儿子情欲的部分，往往在战争中有明显体现，比如上一篇讲的，四五点钟婆婆去擦儿子儿媳的床头，而小两口在睡觉。这里就存在一种可能，婆婆是来窥探他们的性关系怎么样的。为什么窥探这个？因为婆婆觉得儿子应该是她的，儿子和另外一个女人发生性关系，她受不了。所有婆婆都不会承认这一点，儿子也会回避这一点，包括媳妇通常也不让自己意识到这一部分，实际上这一部分是非常直接的。毕淑敏写的小说《女心理师》，里边讲女主人公贺顿结婚之后，晚上突然感觉不对劲，她很奇怪，冲到门口把门猛一拉开，发现自己的婆婆在门口竖着耳朵听房，就是在听自己的儿子和儿媳妇做爱。

直白一点儿说，就是婆婆对自己的儿子有性欲，当然他们不能发生这样的事情，这是乱伦，但是她会很受不了自己儿子真的和另外一个女人发生性关系，所以这一部分的表现非常直接。婆婆和公公的关系越差，这一部分就越严重。中国式的寡母或者单亲家庭，这部分就尤其严重。

因为我在广州做咨询，潮汕地区和客家地区出了名的重男轻女，我的很多来访者来自潮汕地区和客家地区，像这样的故事就太多了。比如看电视的时候，婆婆让儿子坐在她左侧，媳妇坐在她右侧，她坐中间，把小两口隔开；如果逛街，一定要三个人一起逛，或者她和儿子逛街，一旦是小两口逛街她就非常生气，这就是赤裸裸的嫉妒和情欲的竞争。我在报社的时候，一个四川的男人结婚十年，最后受不了，跑到报社来诉苦，为什么呢？从新婚洞房夜开始他妈妈就过来与他们俩聊天，一聊聊到两三点钟，最后当然媳妇受不了，这种情况持续十年，小两口怎么过日子？所以媳妇提出离婚，儿子最后也受不了了。其实这个婆婆就是来窥探自己儿子的性生活,通过这样的方式,达到"儿子我得不到,另外一个女人也别想得到"的目的。

这种现象非常之多,通常人们都会回避这一点,觉得这是一件非常让人受不了的事,但是我们必须把它清楚地讲出来:其实这就是两个女人在情欲上竞争一个男人,而且婆婆不应该参与这样的竞争。

[直面最难启齿的问题]

在婆媳关系中,婆婆不应该去和媳妇竞争儿子,但更应有自觉意识的是儿子。此外,媳妇的态度也很重要,媳妇如果表现出对婆婆的挑衅格外在意,会让婆婆很得意,相当于婆婆用这样的方式,让自己的媳妇感觉被打败了。那么媳妇怎么处理比较好呢?

如果媳妇感觉自己的丈夫是有一定承受能力的人,不妨把这个隐秘因素挑明,对婆婆说,我怎么感觉你好像是在跟你儿子谈恋爱似的,这么窥探我们的性生活,你在想什么?直接挑明后,可以想象,家庭肯定会有一场混战,但是如果不把它说明白,只是隐晦地表达,结果反而会更严重。

因为,媳妇如果感觉婆婆和自己丈夫的关系真的太变态了,来一场大战其实是有必要的。如果你不去改变,在这段关系中勉强待下去,最后就会非常痛苦,不如试试看,大战能不能改变这种局面。如果不能改变,离婚是个很好的选择。

因为我见过很多这样的故事:女人从做媳妇开始,熬,熬,熬,熬到了五十岁,最后生命里什么都没有,内心空空荡荡,而且一直活在变态憋屈中,很痛苦。与其这么熬一生,还不如二三十岁痛痛快快地大战一下,如果实在不行那就算了呗。如果实在想改变，两个人自己又解决不了，也可以来找心理医生帮助处理。

如何理顺婆媳关系

现代婆婆的"悲惨"
丈夫：妈妈我很爱你，但请你尊重家庭的序位

| 现代婆婆的"悲惨" |

上篇我们讲到婆媳关系。理论上，婆婆需要知道自己的家庭是她和她丈夫的家庭；而儿子和儿媳建立的是一个新的小家庭。大家族时代已经过去，现代社会，小家庭才是核心。虽然婆婆进入儿子的家庭是一种不合理的家庭形态，但现实中的确存在大量这样的现象，婆婆要和儿子生活在一起，我们也需要对她们表示理解。

一直以来，中国的传统伦理都是以家族为利益主体，家族的重要功能就是生育，小家庭啊，爱情啊，根本就不是个事儿。婆婆在自己的娘家，是"迟早要嫁出去的人"，被排斥得厉害，她孤身一人嫁入婆家当一个媳妇，也是"外姓人"，在一个很不重要的位置，甚至还可能受到婆家很多虐待，直到有了儿子，她才找到自己可以依附的人。但等她当了婆婆，小家庭又成了核心，

新的家庭动力学倡导媳妇与儿子的关系要放在第一位，所以这几代婆婆都挺难当的。

婆婆可能没有爱过，也没有被爱过，所以她对儿子的这种感情是完全可以理解的。长大成人的儿子和儿媳也需要理解妈妈。但是大家还是得知道，如果婆婆在儿子的家里是第一顺位，就是不合理的。

这件事情也提醒"80后"的年轻父母，对宝宝的爱也要有所克制。假如你现在培养的是一个儿子，你又愿意为了儿子将来的幸福，决定当一个明智的婆婆，那么现在首先要培养的自觉意识，就是跟孩子建立边界，哪怕孩子现在才四五岁。同时你要努力地发展与丈夫的关系。无论在哪一辈，夫妻关系都应该是第一顺位，夫妻关系才是家庭的定海神针。

有一点，媳妇要知道：只要稍有一点儿爱情，丈夫在潜意识深处已经把她列在第一位了。佛教上这样讲，心理学也这样讲，有性关系的情感关系，其深度绝对比亲缘关系要深。性是很重要的能量，一旦有了性的连接，加上情感的连接，这部分已经超越了儿子和妈妈的关系。虽然有中国孝道文化的影响，很多男人意识上需要站在妈妈这边，但是在潜意识里他是站在媳妇这边的。丈夫会很纠结，因为潜意识深处，就是情感深处，他已经知道媳妇对他来讲更重要。

丈夫：妈妈我很爱你，但请你尊重家庭的序位

家庭关系的关键点其实在丈夫身上，因为他和妈妈亲，他也和媳妇亲，所以他是解决问题的关键。那么，作为丈夫，他如何解决这个问题呢？

一个德国的家庭排列老师说了一个个案：学员是个男人，说妈妈在自己家，每天把家里的角落都打扫得干干净净，媳妇却因此心里不舒服。讲这件

事情的时候，他觉得妈妈很无辜，是自己的太太脾气太大了，为什么不能让着他妈妈一点儿。结果老师直接说，把你的废话停下，听我讲，第一，你妈妈不是清白无辜的，不仅你媳妇在和你妈妈战争，你妈妈也在用各种方式在和你媳妇作战，女人之间的战争非常隐蔽，它不像男人之间拳打脚踢，非常明白；第二，你妈妈刻意把家里的角落弄得很干净，是在表示我才是这个家的女主人，我比她（你媳妇）更能干。

老师给这个男人的建议就是：告诉你妈妈，说妈妈我很爱你，但请你尊重我们这个家庭中你的序位，我媳妇才是这个家的女主人，而你不是；现在她已经是我生命中最重要的人，而你不是。

当然，我们可以想象，这种话他说出来绝对会非常伤妈妈的心，但是至少一部分是可以说的：请你尊重我们家庭中你的序位，在这个小家庭中我媳妇是家里的女主人。这句话我觉得是可以说的。

接着老师又建议这个男人对妈妈说，如果你总跟我太太吵架，我会生你的气。但我觉得能这样对妈妈说的男人很少。这是德国老师教中国男人的方法，因此视角比较德国化，而让一个中国男人跟妈妈说这样的话，打死他也说不出口。

后来我在网上看到一个讲婆媳关系的故事：一个男人忒爷们儿，婆婆也是用各种方式在家里闹事，后来这个男人就非常直接地对妈妈说："妈妈，我很爱你，如果你想以后让这份爱继续而且不减分，你就不要在我家里闹，我希望你知道这是我和我太太的家庭，你和我爸爸是另外一个家庭的。"结果之后他妈妈就变得很老实。

以我所知，当婆婆在儿子家玩的竞争游戏没有被戳破的时候，婆婆可以借助一大堆爱的名义、伟大的名义、我是你妈妈的名义，来争夺权力位置，但是一旦有人，特别是自己的儿子，很清晰地把这个游戏戳穿后，妈妈就会安静下来。当然，确实儿子做到这一点不容易，但这也是我们普及心理学时需要提醒大家的地方：不管男人能否做到，你至少要知道，婆媳关系是个三角关系，是两个女人在争夺你，而且解决这个问题的关键就在你身上，解决的途径就是要保证夫妻关系重于亲子关系。

对于丈夫，就算不能一开始就做到，但你至少要有这个意识，而不要被妈妈的种种行为催眠，或者被妈妈用内疚感控制，觉得对不起妈妈这么多年的养育之恩。一旦你有了这种念头，关系就完全混乱了。在婆媳关系的处理上，丈夫就是要拿出很明确的态度，首先摆正你跟媳妇的关系，摆正了你跟媳妇的关系，婆媳关系才能处理好。如果丈夫一直摆不正与媳妇的关系，婆媳关系就一直不会好。

一个男人，有担当，能守护自己的家庭，才会获得自己家庭的幸福作为回报；如果一遇到事情就脖子一缩，让媳妇和婆婆闹去，那么，被这件事情困扰，也是必然的结果。

爸爸，放过你的女儿

有女儿的家庭，男人更不愿离婚
有女儿的爸爸需要处理更多心理焦虑
父母对孩子健康的爱，应该指向分离

| 有女儿的家庭，男人更不愿离婚 |

最近发现有这样的现象：一个男人跟妻子的关系出了问题，两个人走到了离婚的边缘，但要面对孩子的问题。如果孩子是一个儿子，好像婚就比较容易离，但是如果孩子是个女儿，男人就会非常纠结，会觉得自己对不起女儿，甚至担心妻子再婚，无论如何不能接受自己的女儿会有一个继父。这种现象在相当程度上说明了父亲对女儿的依恋。他觉得我不能把女儿让给另外一个男人——继父，担心继父对女儿有性骚扰甚至性侵这样可怕的事情。所以为了保护自己的女儿，为了保护自己的位置，他的婚姻可能会维持下去。

我也听过不止一个男人说，自从有了女儿之后，他才知道什么叫爱，所谓"有女万事足"，觉得有了女儿之后，心中有一块空缺就彻底补上了。客观地说，在这种情况下，作为他爱人的妻子其实是非常难受的。这种感觉在爱情中活出来，比这样活出来要好很多。

荣格理论中说，女人的心中都住着一个男性原型阿尼姆斯，男人心中都住着一个女性原型阿尼玛，我们都需要把这个原型投射出去。在爱情中完成这个投射，就相当于男人把自己的女性原型投射到妻子身上，女人把自己的男性原型投射到丈夫身上，这种圆满需要两个人共同、有意识地通过各自的努力活出来，挺不容易的。但是血缘关系就给人这种幻觉：这是我的女儿，这是我的儿子，好像心底的这一块空缺自动补上了。实际上这是一种偷懒的行为，这种感觉与在爱情里活出来是完全不同的。而且如果丈夫由衷地有这种感觉时，他不自觉地就把女儿放在第一位，把妻子放在第二位，这个家庭的序位就乱了。

| 有女儿的爸爸需要处理更多心理焦虑 |

在我身边，真实发生过这样的事：一个哥们儿有一次跟别人出去喝酒，喝着喝着就哭了，大哭。大家以为他遇到了什么事，问，到底怎么回事儿，他就哭着说我女儿来例假了。大家都觉得特别可笑，这不是很正常的事情吗？但他觉得，女儿进入青春期，就意味着她是个女人了，爸爸不能再随便碰她了，女儿也不再属于爸爸了。还有一个朋友，他女儿小时候非常非常漂亮，父亲怎么和她亲近都没有性的焦虑，可是女儿到了初中，一下就变成一个大姑娘，他有一次非常恼火地对我说女儿长大了。我说长大了怎么了？他说我再也不能像过去那样想亲就亲，想抱就抱，因为一抱就发现这是个大姑娘，性的焦虑立刻就冒出来。因此，有女儿的爸爸确实需要处理很多心理焦虑。

但这部分焦虑是很正常的。父亲很爱自己的女儿，女儿后来却要属于另外一个臭小子，父亲很生气或者是嫉妒，这我们可以理解。关键是他接下来怎么处理。

有一个朋友跟妻子关系长期很冷淡，女儿已经上小学了，但是还睡在他们俩中间，这个状况非常糟糕。这样会让女儿的恋父情结得到满足，女儿发现父亲把她列在第一位，她战胜了妈妈。同时，女儿又能感觉到父亲对她的这种爱恋，可能导致这个女儿未来找男朋友很困难。当女儿越长越大，她的性的能力、性的欲望也会越来越强，而她和父亲过度的亲密就会有大量的性刺激。为了符合道德伦理，她要否认自己的性意识，这会让这个女孩儿未来的性生活受很大影响，因为她的性欲处于压抑状态。时间久了，就会导致性心理出问题，严重的话可能导致女孩儿的性别角色认同出问题，疑心自己到底是女孩儿还是男孩儿？如果她承认自己是女孩儿，她就发现自己对父亲的性欲太强了，那怎么办？在这样的个案中，她就干脆想象自己是男孩儿，而她的婚恋会因此受到极大的困扰。

[父母对孩子健康的爱，应该指向分离]

如果丈夫认定妻子是要陪他走一辈子的人，由衷地把妻子列在第一位，而且他们两个人的性生活幸福，情感世界很饱满，在这种情形之下，父亲就不需要刻意远离女儿，怎么爱女儿都没关系。如果他知道自己对妻子没有那么爱了，但是通过对女儿无限的爱来填补，而且自我催眠地说我是一个伟大的父亲，这样就会出现很多麻烦。

我曾经在网上遇见一个女孩儿，她非常有才华，各种信息显示她长得很漂亮，她的父亲是大学教授。从十七岁开始，她在网上写的那些诗、文字，完全可以用"惊艳"来形容。但是到二十五六岁的时候，她还没谈过男朋友，而且经常有惊恐发作,在自己的小房间里会有窒息感,因此她不能关门,她房间的门通常都要开点缝儿,因为她的父母可能随时会进来。我通过对她的信息解读,觉得这个女孩儿受到父亲强烈的压抑,父亲可能对她太依恋了,导致她觉得自己谈男朋友是对父亲的一种背叛。但她又很想谈男朋友,因为这正是春心萌动的年龄,然而她又觉得这样父亲会不高兴,所以有惊恐发作和窒息的感觉发生。她的父亲对女儿如此爱恋,在潜意识里,女儿感觉她才是父亲的妻子。这对女孩儿造成了极大的影响,使她无法走出自己的小世界。

所以,如果一个男人由于跟妻子的感情得不到满足,却把感情过多地投入在女儿身上,看起来这个父亲在爱女儿,他也可以这样对自己催眠,说自己是一个伟大的父亲。但事实上他是在害孩子,是在借由女儿毫无抵抗力,也没有选择的女性角色来完全满足他自己的内心填补,所以这样的父亲其实是非常自私的。

我有过类似的个案,一位四十多岁的女士,还没结婚,甚至没有正儿八经地谈过恋爱,咨询中跟她谈到潜意识深处,最后她冒出一句话:爸爸是我的,谁都不能抢走他。这就很糟糕,确实爸爸把她放在第一位,觉得女儿是他心中最重要的,她也觉得爸爸是她的,结果这个四十多岁的女人没有成立自己的家庭,甚至没有正儿八经地谈过恋爱,这是多么可怜的事情。

所以,父母需要知道,对于孩子,什么是真正的爱。各种爱都指向亲密贴近,只有父母对孩子的爱指向分离,父母越爱自己的孩子,就越要让孩子健康快乐地离开自己。父母真爱孩子,就教给孩子与你分离的能力,这样才是真正地爱他,其他的一切都是软弱的借口。

◇ 第六篇 | **成为你自己**

为什么你妈总是催你结婚生孩子?
父母催婚,我们如何应对
怎样才是"做自己"
如何"做自己"

成为你自己 ｜ 人真正的价值，不仅仅在于"被认可"

为什么你妈总是催你结婚生孩子？

- 和别人"不一样"就"不正常"？
- 和别人"不一样"就是"不孝顺"？
- 不要在"爱孩子"的旗帜下害孩子

| 和别人"不一样"就"不正常"？ |

每到过年，就有一大波未婚人士特别伤脑筋：因为中国的父母非常喜欢催婚。被炒得很火热的新闻——"租个女友/男友回家过年"也变得司空见惯。这真是中国特色，只有中国的父母对孩子结婚与否这么在意，外国的父母似乎并不操心儿女的个人问题。究其原因，是因为中国人一定要和别人活得一样。如果别人家孩子结婚、生孩子了，而自己的孩子没有，他们就会有失落感。和别人"不一样"就意味着你"不正常"——不是你的身体"不正常"，就是你的心理"不正常"。父母似乎不能忍受自己的孩子跟别人的孩子不一样，觉得"孩子不正常"就意味着"自己不正常"。

关于"不一样"的待遇，我小时候享受过。有一次学校运动会，老师要求穿白衬衣和蓝裤子，可是我没有白衬衣，我穿的衬衣是上面带有小碎花的。我自己觉得很好看。之前的运动会，我每次都是小鼓手，是站在前面的，但是那一次老师让我站到了最后一排，就因为我的衬衣和大家不一样。于是我觉得自己被视作一个异类，被排斥了。我很难过，回到家号啕大哭。现在想起来，我还是觉得"白衬衣"的事情对我来说是一个很大的伤害，因为我并没有做错什么。

中国一直以来都在追求"整齐划一"，如同"阅兵式"的"方阵"，在中国已经成为一种图腾——每件事，所有人都一样，好像这样大家才会觉得足够有底气，如果某个人不一样，那么他就不对。

我今年四十一岁，没结婚、没孩子。这种情况在城市也算特别了，而我的家乡在河北农村。虽然我现在生活得很好，但我还是会被这样嘲笑——"武志红有什么啊，他既没结婚，又没孩子，你瞧我，俩儿子！"在他们看来，哪怕你是专家，出版过很多书，帮助过很多人，哪怕你的收入是他们的一百倍，但没有用。他们结了婚、有了孩子，具备这些符合中国传统生活的要素，所以他们就比你强。

在这种情况下，可以想象父母的焦虑，因为父母对孩子过得好与坏的判断标准，很多来自于外界。很多人会问我妈妈："你们家儿子，怎么到现在都还没有结婚、没有孩子？是不太正常吗？"但我妈妈自己处理了，没有把这种"焦虑"传递给我。

这里涉及另一个中国社会很普遍的问题——大家都在传递焦虑。有人跟你的父母说："你们的孩子怎么还没结婚、没生孩子呢？"父母就会觉得自己被攻击了，然后会感觉很焦虑。他们怎么解决这个焦虑呢？因为碍于面子，所以父母不能还击别人，但是他们自身又坚持不住，于是他们就会把"焦虑"

传递给孩子——"你怎么还没结婚、还没孩子?你知道我在家里多没面子吗?"然后孩子也被带进焦虑里。更厉害的父母会说:"你看人家××,再看看你,一个人在外地工作,爸妈多担心啊!你要有个孩子、有个家,我们就放心了。"——这些话会让孩子产生内疚,觉得自己没能生活好。

| 和别人"不一样"就是"不孝顺"? |

父母让孩子产生的内疚,引出了这个话题中更深层的部分。所有人都要活得一样,如果自己和别人活得不一样,就意味着自己"不够孝顺"。

中国有句古话——"不孝有三,无后为大"。中国所讲的"孝"字,就是"子承老"。"子承老"有两个含义:一是物质层面的"子承老",即父母年纪大了,孩子需要养活他们,给他们以物质上的资助;二是精神上的"子承老",即孩子必须按照父母的意愿来做事。由此可见,中国父母的"存在感"是建立在"我必须有孩子,而且孩子必须要听我的话"之上的。

因此,中国人对生育非常重视。生孩子的目的是什么呢?生了孩子后,自己就可以变成皇帝了,想要孩子做到"我让你干什么你就得干什么"。同时,孩子具有的这种"功能",又会让父母产生"把我的存在感,建立在我有后代上"的观念。之前做节目时,对于这个话题,我有特别深的感触。有些人由于没有自己的人生,所以只好生孩子,然后把生的孩子的人生当作自己的人生去操控。甚至可以武断一点儿说,那些急于催婚而忽略孩子是否有了自我实现、有了爱情的父母,他们的人生并没有完全地实现和展开。

比如父母老了,就必须得有个小孩,看着小孩的同时,感觉自己的生命得到延续。我觉得这种"天伦之乐"很极端,他们没有自己的生活,所以就致力于看着自己的后代,假想后代可以过得很好,然后就觉得自己也变好了。

这让我想起一个朋友。他当时患了"精神分裂症",后来经过治疗痊愈了。他跟我说过一句话:"我必须得生孩子,为什么?因为我要把我的精神延续下去。"我听了很震惊,对他说:"你当时都已经得了精神分裂症,你的精神没什么了不起的,你要把你的精神延续给谁啊?"他听了之后也很震惊,说:"反正我就是这么想的。"他并没有认真想过这种精神要怎么延续下去,为什么要延续下去。其实这后面蕴藏了一个无意识的观念——当我的精神被延续的时候,我才能真切地感受到自己的存在,而不是因为我自己可以把精神活出来,所以我才会存在。

[不要在"爱孩子"的旗帜下害孩子]

很多父母,甚至是年轻的父母,过分地重视孩子,其实可以理解为他们自己的人生没有实现,于是他们把孩子当成了自己,有意识或无意识地让孩子完全按照自己的想法做事,基本不给孩子自主空间。比如,不可以去外地工作、必须留在自己的身边、工作必须是稳定的等。这些父母看起来是爱孩子,其实是打着爱的旗号在"害"孩子,或者打着爱的旗号在"赖"孩子。这样发展下去,会导致中国的每一代人都没有自己的人生。

区别是不是"爱"很简单,问一个问题就可以——父母是否真的在意孩子幸福?这个幸福是建立在孩子自己的真实感受上,而不是活了一个大家都活着的样子。比如,大多数父母认为:孩子有一个完整的家庭就叫作幸福,为了做出"我也很幸福"的样子,你会不会逼你的孩子找一个非常糟糕的伴侣?你是否在意你的孩子虽然活出一个"家庭完整"的样子,却活得很痛苦?

我的一个好友,是西班牙姑娘。她今年四十五岁了,没有结婚。有一次我们在后海聊天,当时是夏天,夜风吹拂在后海的湖边,很舒爽。我问了她一个很中国式的问题:"你的爸爸妈妈不会着急吗?"她说:"为什么要着急?我的姐妹都结婚了,也都有孩子。即使我没有结婚、没有孩子,爸爸妈妈也不会为我着急。"

她说,她的父母非常在意孩子是否爱和被爱。孩子带一个心上人回家给父母看的时候,父母通常会问:"你爱他吗?你们在一起相爱吗?"她们都认为爱情非常重要,但是她自己还没有遇到感觉合适的人,所以不想匆忙走进婚姻。

那么,我们的父母呢?当你的孩子长大,迟迟没有结婚时,你能够理解孩子,尊重孩子的感受,不向他倾泻自己的焦虑吗?当他把爱的人带回家时,你应该仔细地问问他:"你们相爱吗?你爱他吗?"你也应该问问自己对于现在的伴侣,你们还依然相爱吗?

希望从我们的孩子开始,每一代都是爱的结晶,而不是"大家都这么活,我也这么活"的道具。希望从我们开始,每个人都可以活出自己的精彩,而无需将自己的存在感寄托于"我的孩子",或者延续所谓的"我的精神"。

父母催婚，我们如何应对

催婚是一场持久战
应对方法之一：主动出击
应对方法之二：充分准备
应对方法之三：从小事开始

[催婚是一场持久战]

在中国，大龄单身人士总免不了被父母催婚的。如何应对父母的催婚，这件事太需要智慧了。因为父母会用各种各样的方式来逼你屈服，尤其是在春节前。而且这是父母，你还不能太跟他们对着干，但你又不能听他们的。加上父母的各种招数，从小把你带大，你的脾气、性格他们都了解，每招都能打到你的痛点。

我有一个朋友说，为了催婚，他妈妈用了各种方法，简直是用尽手段。

第一年是哭。唉，春节了，爸妈看你又形单影只地回来，你说你在外头多可怜，刮风下雨也没有人接你。你身边没有人，一看天气预报你那边刮风下雪的，妈心里就难受，整夜整夜地睡不好觉，你说你身边有个人多好。这是第一年。父母的这些话听得我浑身无力,感觉自己都要瘫在地上。

第二年的方式是比。你看,从小一块长大的谁谁谁人家这次回来都二胎了,人家妈妈进来出去那个幸福,那个满足!你再看看我。我给你准备的小孩用品都准备多久了,到现在你还没有孩子,这样吧,我跟你爸商量了一下,你生了孩子以后我们奖励你100万。

第三年的做法是生病。过年闹了一场病,闹病的理由是,你这个孩子不省心,让人生气,把我给气病了。真是没有办法,你说你怎么了,你是哪里有问题吗?我们一起去医院检查检查?

到了第四年,妈妈跟他说:我跟你爸决定再买个房子,反正你也结不了婚,也生不了孩子,我们给你留这笔钱也没啥用,我们干脆再买个别墅。买个别墅还需要点儿钱,你再出点儿钱。朋友说:我哪有那么多钱。妈妈说:你看,你或者结婚,或者给我们买房子。要不然我们天天多无聊,光让我们去世界各地旅游,都玩儿遍了,现在没事儿干了。

就这样,四年,可以想见这是一种什么样的经历,他之后就特别怕回家。

| 应对方法之一:主动出击 |

父母催婚,这种情况怎么应对? 先讲一个简单的,我自己的应对办法。假如论难度总分100分的话,我的这个办法适用于50分~60分,属于比较容易应付的范畴。

读研究生的时候,我妈妈开始问:"你什么时候结婚?"我说我一定得找到爱情才结婚,这件事谁知道什么时候发生。我那时候奉行"丁克主义",不想要孩子。可是对于一个农村老太太而言,这事儿就太严重了,因此回到家我就不愿意谈这个话题。但我越不愿意谈,我妈妈越揪着这件事问。那时候我有一个四十来岁的朋友，也因为被催婚，春节不敢回家。这哥们儿受不了父母、亲戚轮番上阵，干脆说有事不回去了。但我想不能老这样，这不相当于亲子关系断掉了嘛。

既不能像我的朋友那样不回去，也不能按我妈的来，我就想了个招儿。

那时候也穷，估计想租也租不起女朋友。于是我对自己说，这次回去我必须跟妈妈正面交锋，要不然我越躲她越追。那次我回家一个星期，事先做了充足的准备，要专门跟我妈谈谈我对于婚姻的想法，对于恋爱的想法，以及我为什么不急着结婚。我做好准备，就回去了。结果第一天、第二天我妈妈挺高兴的，觉得儿子跟她敞开心扉谈这个话题。当然我的态度特别好，我妈妈根本不知道我想干吗。我说，妈妈，关于结婚，你是这么想的是吧？我一说，说得特准，把妈妈的想法想到了。我妈妈说，是啊，是这么想的。

我先认可她的想法，接着我再跟她讲我的想法。我说你看你的想法有合理的地方，我的想法也有我合理的地方，你听听我怎么想的。因为我前面很耐心地听她讲，所以我妈妈比较配合，也很耐心地听我讲。我们一来一往谈了一两天，之后，只要有时间我就跟她谈，追着她谈。结果第三天、第四天我妈妈就感觉有点儿招架不住了，她觉得有点儿理亏，争不过我。但同时我态度又非常好，所以她也不能和我吵架。我温和，但我很坚定。

到了第五天、第六天，我妈妈就怕我了，明显感觉我要找她谈话，她就有点儿发怵。经过这一个星期的交谈，从此之后就变成：说到结婚，我妈妈就说，还是结个婚好。就这么一句。然后我说你放心吧，妈我会越过越好，你看我现在确实越过越好，你别担心。她就再也不说第二句了。我后来想想，相当于我主动将结不结婚这个问题把我妈妈给聊吐了。

应对方法之二：充分准备

要想"主动出击"能够完胜，在进行沟通准备时需要注意以下几个关键要素：

第一点，对父母态度要好，即使父母跟你生气、流眼泪，甚至拍桌子，你都要做好准备，态度温和。但是态度温和不同于顺从，而是能坚持自己的立场，温和而坚定。我已经决定就这样了，如果你想听，我可以和你讲，但是你别想左右我的决定。要做到这一点，需要你自己足够独立。如果你自己不坚定，自我独立不够，和父母沟通时就会撑不住。

第二点，不要一上来先陈述自己的观点，让他们先说，就像打球一样，让他们先打过来。如果你一直只说自己的想法，否定他们的，他们就会觉得被攻击了。所以，你要做的第一件事是先对他们表示深深的理解，认可他们对你的爱，认可他们的操心。

第三点，要在回家之前赶紧做准备，要有充足的"弹药"，即使不够说一礼拜的，至少得有说够两天的"我为什么到现在还没有结婚"的充足理由。其实不仅是围绕结婚，还有对人生的规划，你要让父母明白，你对你的人生是有规划的，是在用一个成年人成熟的态度对待自己的人生。但是如果你平常还像小孩子一样，交什么朋友，穿什么衣服，都征求父母的意见，那你跟父母讨论婚姻的问题，简直太小儿科了，父母绝对不会听你的。

和父母的沟通，除了语言上的准备，还有行为上的准备。行为上的准备就是你要从现在开始，每一件事情都要让自己以成人的姿态处理，而不是只在跟他们沟通结婚的问题时才突然"像一个大人"，那样对于父母是没有说服力的。

要想自己的意见对父母有说服力，取决于你对自己是否有足够的了解和把握，是否真的知道自己要什么。还有一点，就是要非常明确自己的人生就是自己的。

在节目留言板上我经常看到很多给我的留言，他们说，人怎么能只为了自己活呢？那多自私，不管是找工作、上大学还是结婚，怎么能不考虑爸爸妈妈的感受呢。如果你这么想，那就不用跟父母谈了，因为你自己都觉得父母不高兴的事就不能做，这就没戏了。因此需要你非常明确"我的人生是我自己的"。

如果你实在不能消除自己的内疚，不妨找心理医生先聊聊，先把自己的内心建设做好，把这些逻辑放下。我是我，妈妈是妈妈，不管妈妈多不高兴，那是她的事，我有我的想法。带着这种态度你才可能清晰坚定。

如果你就是认为我必须得让妈妈高兴，妈妈不高兴我就内疚得要死，那就听父母安排吧。因为你都没有自己，你都没有长成一个成人的样子，就怪不得父母控制你、干涉你，因为你就是让父母感觉不放心。

| 应对方法之三：从小事开始 |

关于行动上的准备，我建议，可以先从很小的事开始。比方说关于怎么吃饭，关于什么时候起床，关于穿什么衣服，关于我回到家里怎么安排……你可以先从这些事情开始，展现自己的独立意志和独立能力。

一般父母都会特别在意结婚这样的大事，如果你拿这件事和他们对着干，他们会觉得受到很大的挑战。比方说我妈妈 50 分，所以我可以挑战她。但如果是 80 分的，可能就有点儿困难了，还有 90 分的，甚至 100 分的，怎么办？

可以先从小事开始，比如每次吃饭，妈妈都要给你盛饭，你就坚持妈妈给你盛的你不接，你就要自己盛了吃，或者妈妈给你盛了一碗，你再加一点儿或者去一点儿。因为在这些小事后面隐藏着一种逻辑：妈妈觉得，我知道你是怎么想的，我认为怎样才是对的，你的人生应该按着我的想法来。但是你就通过盛饭、吃饭这么一件很小的事告诉妈妈，我才知道我吃多少比较合适。而且就算你帮我盛的接近我要的那个分量，我还是要减去一点儿。这就是向妈妈传递一种信息：你其实不知道我的需要和我的想法。

再比如你回到家，跟谁出去玩，跟谁出去聚，爸妈肯定会各种干涉。这时候如果你提前就说，我这几天有什么安排，大概要见什么人，大概几点回来，他们就该放心了。如果这时候他们还问你跟谁出去，早点儿回来，各种叮嘱，你就可以说你们别管了，这是我自己的事，我都多大了，他们会觉得自己过分了，就不会再说了。

在一件哪怕很小的事上，你和父母较量一下，借助小事向对方传递很坚定的信息：我很温和，我对你没有敌意，但是你别想左右我。这么一件事就足以改变你和父母的关系。我教了很多人用这种办法跟别人沟通，无论和父母或者和其他很难缠的人，非常有效。

很多人觉得中国是一个控制型的社会，从小到大，你必须听父母的、听老师的、听领导的、听权威的，但是我用我的人生经验一次次证明，从很小的事开始，在家里可以按照我的来，在学校里可以按照我的来，在工作单位可以按照我的来，实际上这是可以做到的。其实这也是一个建立人格边界的过程。

最后贡献一个办法：我的一个朋友被父母催婚，他跟他妈妈说，妈，结婚是为什么？妈妈突然被问愣了，说生孩子。他说，不对，结婚是为了不离婚对吧？他妈妈说，对。那如果你使劲催我，我就胡乱找一个人结婚，然后就离婚，你受得了吗？妈妈头摇得像波浪鼓一样，说那不行，绝对不行。他说对啊，所以跟离婚比起来，我慢慢找，非常慎重、负责任地找，找到合适的人再结婚，是不是更好？妈妈就没有话说了。这个办法，朋友们也可以回去试试看。

如何应对父母的催婚，其实只是一个表象，更重要的是如何学会自我成长，让自己的人格更加完善，建立自己的人格边界，这才是一生必须做好的功课。

怎样才是"做自己"

> "做自己"不是"想干吗就干吗"
> 好的关系就是让你成为你自己
> 人真正的价值，不仅仅在于"被认可"
> 为什么中国人做自己很难

| "做自己"不是"想干吗就干吗" |

大概在六七年前，每次讲课讲到"成为你自己"时，一定会有人问：成为你自己不就变得很自私吗？特别是孩子，让孩子做他自己，他杀人、放火、抢劫怎么办？那时候的人们特别担心"做自己"就是"自私"，就是飞扬跋扈，不顾别人，想干吗干吗。

最近几年，开始频繁出现"做自己"的声音，这是好事，说明整个社会的需求层次开始提升，大家的自我意识开始觉醒。"做自己"其实是一个心理学的概念。人本主义心理学主要发起人马斯洛提出了人的五个需求层次，最上层的需求就是"自我实现"，表达的意义就是"成为你自己"。马斯洛研究发现，一个人越是成为他自己，就越富有同情心。这个同情心不是居高临下的"你好可怜，我好同情你"的同情心，而是一种对人类、对动物，对自然界平等的爱。让每个个体都成为自己，有这种自我实现的感觉，才能体验"我就是你，你就是我，我就是万物，万物就是我"的平等与连接。我爱自己，所以我也爱我所在的世界。

那么，为什么很多人认为成为自己、做自己等于自私呢？因为他没有真正成为自己，没有体会到一种真正的爱。当他体验到真正的爱之后，就会明白我就是你，你就是我的感觉，彼此之间自然而然就可以建立各种连接。但是当我活在一个以自我为中心的世界时，我和你是割裂的，这个时候的"做自己"就是满足自己的欲望，就会深深地感觉到"做自己"很自私。

但我认为这是一个阶段，比如说一个人自我成长的时候，最初就是要做他自己，不管别人认不认同，这是必须经过的阶段。一旦他真正体会到什么叫爱自己，就相当于一个人和"自己"有了很充分的连接，因此也就容易和其他事物、其他人建立连接。

| 好的关系就是让你成为你自己 |

听起来，"自我"好像讲的是"我"这个人，但实际上，"自我"是一个人格的概念，指的是我们的意识。我们的自我原型在和父母的关系中形成，然后在各种关系，如亲密关系、亲子关系、伙伴关系、社交关系中呈现，而自我也会在关系中疗愈。

如果你有很棒的父母，从小对你接纳度很高，你就可以形成一个柔软而有力量的自我。或者你在父母那里有缺损，可是有幸遇到了一个非常包容和接纳的爱人，你就会在爱情里获得极大的疗愈，逐渐树立起自我，逐渐地让自己更加地完善。所以我们常常说，好的爱情是让你成为你自己。

如果这些条件都不够理想，不足以建设一个强大、健全的自我，那么，心理咨询是一个相对有保障的途径。在心理咨询中，我的来访者能够在我这里完成这个所谓"自私"的阶段。开始是他们信任我，我先跟他们建立连接，接纳他们。通过我的接纳，他们逐渐明白"被接纳"是怎样的体验，开始明白如何进行自我接纳，与自己建立连接。然后他们能感觉、相信自己有多好，会真正爱上自己，再自然而然地把这种爱延伸出去。

这里涉及心理咨询中很关键的一环。说深入一点儿，心理医生是一面擦得很干净的镜子，为了让来访者看到自己，帮助来访者成长；说得通俗一点儿，心理医生是用自己和来访者建立连接，也就是所谓的咨询关系就是一切。最开始的时候，大家中间都隔着一些东西，不容易构成深层的理解；随着咨询越来越深入，当咨询关系真正建立起来之后，真正起作用的就是咨询关系。来访者的自我在关系中形成，在关系中呈现，在关系中疗愈。换句话说，心理咨询就是来访者通过和心理医生建立良好的关系，感受到被包容和接纳之后，找到了自我。

其实，所有好的关系都是让你成为你自己。如果对于一段关系不确定，不妨按照这条标准检视一下。

人真正的价值，不仅仅在于"被认可"

我们都需要在关系中体验到爱，在关系中体验到接纳。以镜子做比喻，如果不照镜子，我并不知道自己长什么样，所以我需要通过镜子来认识自己。但镜子有很多种，哈哈镜或者平面镜，等等。我总觉得中国父母是哈哈镜，是"我希望你成为什么样的"，如果你不成为父母希望的样子，父母就会很失望，这样一来你当然照不见你自己。从父母的镜子里，你看到的只是父母对你的期待，这种情形下，其实你还是不知道自己是谁。

而我们需要的，是平等、互相尊重的平面镜。平面镜才能如实照见你是谁，而且你能看到自己不需要扭曲，可以被接纳。

为什么中国的父母会是哈哈镜呢？因为中国的传统哲学认为，作为个体，生命本身并没有价值，个体的生命价值建立在为别人服务上，必须得到别人的认可。而别人认可的原因并不是他知道这个个体是谁，而在于这个个体是否讨好他，是否让他感到高兴，让他得到满足。这是一种戴面具的、虚假的关系。虚假的关系不利于自我成长，而是一个失去自我的过程。

为什么中国人做自己很难

经常出国的人会有很明显的感觉，其他国家的人很少有像中国人这么不自在的。中国人整体都非常不自在，笑也不自在、走路也不自在、照相也不自在、演讲也不自在等。

我第一次去美国，是飞西雅图。下了飞机就听到机场里飘荡着美式乡村音乐，当时就有一种强烈的感受，好像空气里都是悠然自在的味道。因为每个人都是非常舒展、非常放松的，无论高矮胖瘦，根本都不管别人怎么看自己。

我在纽约街头看到敲着油漆桶唱歌的黑人，他当然希望别人给他钱，但他的快乐却完全来自自己的行动——敲打油漆桶的节奏让他非常愉悦。在旧金山，开铛铛车的黑人司机给人的感觉就是我喜欢这份工作，我跟游客每天这样交流很快乐，并不在意别人怎么看。

在中国，就算从事最"高大上"的职业，主持人、作家、心理医生等，依旧会焦虑重重。由衷热爱自己职业的人，似乎在哪个行业里都不多。大部分人都觉得找到自己热爱的事情太难了,就像找到自己热爱的人一样难,所以人生就凑合过吧。

这种身不由己的状态,实际上不是由职业造成的,而是我们不知道如何热爱自己的生命,所以我们做各种各样的事都莫名其妙,没有按照自己的想法、自己的喜好来。当我们觉得职业本身不值得努力的时候,实际上是因为我们不知道如何过值得的生活。

为什么中国人做自己很难?这个话题很沉重,因为它不是一天两天形成的,它源自传统文化中很糟粕的部分。对人性的过度压抑,是一种持续的教化,它是代际遗传的。

现在很多孩子会觉得,如果我做自己,我就是自私的,为什么?我会让父母不高兴。但这实际上是一个必经的阶段,你必须允许自己让他们不高兴。这个不高兴不是你有意跟他们对着干,而是你可以坚持走自己的路。那些问题最严重的家庭,如果孩子想做自己,就需要和父母对着干。因为在那样的家庭中,"毒气"非常大,父母对各种事情都有强烈的控制欲。如果不对着干,孩子就只能在各种事情上都按照父母的安排来做,而且这样的家庭,孩子本身的叛逆性也会特别强。所以我看到的,要么是特别乖顺的孩子,要么是特别不服管教的孩子,很难看到一个既让父母高兴,也让自己自由的孩子。

如何"做自己"

在中国,"做自己"很危险
认清楚"真自我"和"假自我"
"做自己"是尊重生命力本身
活出真自我的两种方法

[在中国,"做自己"很危险]

上文我们聊到"做自己",这个话题越聊越沉重。

确实,我们的社会文化、代际遗传都让人觉得非常压抑。小的时候,我们得讨好父母,听话,不能做哪怕对父母并无伤害,只是主张了自己生活的事情,因为如果没有按照父母的意志来做,就是我们不孝顺。做自己被认为是有罪的。

长大后进入工作单位,我们得让领导高兴。虽然说你业绩也不错,但是如果不会逢场作戏,或者不会陪领导喝酒,就不一定招人喜欢。

进入婚姻之后,伴侣之间也容易建立起一种很虚伪的、很虚假的和平关系。两个人在一起要么彼此抱怨,要么彼此不交心,凑合过日子。枕边人有怎样的精神世界，对方在想什么，你看不到。

在婚姻中"做自己"是非常危险的，因为这意味着你会把对伴侣的失望、抱怨说出来，甚至会攻击对方。这种攻击可能带来家庭的灾难，攻击对方的同时你会觉得也是在攻击自己，因为这段关系的失败你会觉得自己有很大的责任。

有了孩子之后就更麻烦，我们得做全能父母。尤其是做妈妈的，特别希望自己是一个全能的妈妈，巴不得把自己这辈子没有实现的期望全部放在孩子身上。所以看孩子脸色过日子的父母其实挺多的，尤其是孩子小的时候。这样教育出来的孩子长大后自然很难让人满意，于是倒过来，父母又给孩子脸色看。这过程中我们好像一辈子都活在别人的目光中，而没有活在自己的生活中。每个人都纠结，每个人都累。每个人都一边抱怨着，一边在绝望里沉沦。

那么，我们要怎样才能斩断这些，让其不再遗传下去呢？

认清楚"真自我"和"假自我"

关于"做自己"和"活在别人的眼光里"，我先讲一个自己的小故事。

大二、大三的时候，我跟一个喜欢的女孩聊天，话没说几句，她就很震惊地看着我，那眼神我现在还记得很清楚。她说，武志红，你难道不是通过别人的评价来认识你自己的吗？我当时听了她的话，也非常震惊，虽然当时已经开始学心理学，毕竟体验跟不上，所以她这样说我我也很震惊。

我说，我知道我是谁，我干吗要通过别人的评价来认识我自己是谁？我们俩都像看外星人一样看着彼此。在我们的整个相处过程中，她常常诧异怎么会有我这样的人，我也诧异怎么会有她这样的人。再后来跟人打交道多了，我才知道，在中国我确实是个异类，而她那样的占了绝大多数。

这个故事中两种不同的评价体系，在心理学中就叫真自我和假自我。

真自我是以自己的感受为中心构建的自我，而假自我就是戴着面具生活，以别人的感受为中心构建的自我。以别人的感受构建出来的这种自我价值感，我们也叫道德。

从根本上说，没有人性何来道德，人性应该是道德的基础。但儒家的程朱理学就提出"存天理、灭人欲"。它给我们传递的信息是：存在着天理一般的道德，而你的欲望、你的感受、你的本身是错的，应该把你的人欲灭掉，然后构建一种所谓的天理。在泯灭人性的情况下谈道德，这种道德其实是最不道德的。

儒家后来出了一个王阳明。他最初也是想做圣人，在一个石头做的棺材里思考人性，突然有一天他明白了，天理就是人欲，除人性之外再无其他。经过多年的思考，他创立了儒学的新学派——心学。心学主体是"致良知"，即：要从自己的内心去探求真理。王阳明强调知行合一，对四体不勤、五谷不分的读书人是特别好的提醒，可惜一直未能成为主流。我们盛行的依然是满嘴恭谦仁义，内心却充满压抑，并不那么光彩的虚假道德。这种虚假道德直接导致了整个社会的道德缺失。

现在那么多的有毒食品、地沟油、被破坏的环境，其实都是由于长期的不道德发展带来的。

包括很多很基本的东西，比如认真。现在经常听到有人说：认真你就输了。在国外，人家觉得你不认真，那你做它干吗？本来做一件事情，认真是理所当然的。认真就是把你的心捧出来，按照你的感觉来生活。但是我们就会奇怪，觉得居然还"认真"，你怎么这么蠢呢？周围的人都在玩心眼儿，你怎么就不知道要点儿心眼儿呢？一认真你就输了，何必呢。耍这种小聪明的人并不少。

我们可以看到,个体的真自我和假自我延伸到了很多地方。有真道德,有假道德。如果认真就意味尊重自己的真自我,那我们做自己就好了,无须出凡入圣。

| "做自己"是尊重生命力本身 |

人性本身是很美好的,人本身的生命力是需要祝福的,而不是说人的生命力是个魔鬼、是个妖怪,我们需要压抑它,活成一个所谓的道德典范。

我们的社会对真实的人性依然有很多禁忌,认为情绪是一个不好的东西,人的感受是一个不好的东西,人要把自己的感受给灭了,把自己的情绪给灭了,活成一个伪君子。当然从社会发展的角度来看,整体趋势是越来越好的,比如性,可以公开讨论了。但是我了解到的情况是,我们意识上允许变化性伴侣,不需要如以前一样"从一而终"了,但潜意识还是觉得性是个肮脏的东西。对于钱也是如此,如果说谁整天满嘴谈钱,大家就觉得你不太高级,但事实上谁不需要挣钱?

还有就是攻击性。攻击性在英文里是一个很好的词汇,但在中国就变成了很糟糕的事。比如说方舟子和韩寒论战,韩寒骂了几句粗话,他就输了。中国人觉得,作为一个公众人物怎么能生气呢?包括我的很多学员和粉丝,他们认为武老师写了这么多书,对心理学有这么深的研究,你已经是一个没有情绪的人吧?我说天啊,情绪就是生命力的一种直接的反映,我如果没有情绪该多糟糕。我也得说句实话,过去我是一个情绪很麻木的人,现在反而越活脾气越大。这说明真自我出来了。有时候我比较较真,有些粉丝在微博攻击我,我会回复,不允许他们在我的微博里攻击我。因此有粉丝说,你怎么能这样,对网友这么刻薄、不宽容,各种道德大帽子就扣过来。我有时觉得有意思,又会有点儿忧心。因为网上发言的很多是年轻的孩子,他们是从哪里,从什么时候开始学会这种不论是非,用道德的高压去压制别人,而且还是这种所谓的假道德?

如果你想做自己,就需要尊重生命力本身。从现在开始,对于性的问题,对于钱的问题,对于愤怒、攻击这些攻击性情绪的问题,你要对它们有一种新的认识,要提醒自己接纳它们。它们都是生命力的反映,都是些好东西。

[活出真自我的两种方法]

最后我想分享一个故事。刚才讲性、攻击、金钱、情绪,我们需要去尊重它们,这听着像是一些抽象的概念,我想先分享一个特别简单的,如何活出真自我的方法。

我有一个心理医生朋友,他有一个来访者问题非常严重。我的医生朋友给了他一种简单的办法:列出十件你曾经想做但是没有做的事情,在三个月之内全部完成,而且,只要求做完十件简单的事情。

来访者是一个女人,她说自己已经很多年没吃海鲜了,为什么?她老公海鲜过敏。那么,现在就好好吃一顿。她没有去过酒吧,因为要做一个贤妻良母,觉得去酒吧很不好。好,就去酒吧体验一下。她从来没有跟领导吵过架,但是很想跟领导吵架,那就发一次脾气呗。想去看看香山红叶,居然没去过,那就去看看。

经过三个月的时间,当她把这些看起来并不起眼儿的事完成之后,由衷地觉得自己解放了,她找到了为自己而活的感觉。

我最初听了这个故事,觉得非常普通,但后来在自己的课上,我让大家做这个练习，有人说，武老师，我一件都找不出来。我说天啊，这太让人震惊了！如果你一件都找不出来，真的要好好反思一下。

有一部电影叫《滚蛋吧，肿瘤君》，女主角知道自己得了绝症之后，就列出了一些她一直想做而没有做的事情，也都是特小的事情，包括去好好地大吃一顿，去跳一次弗拉明戈，等等。这些事情如果去做，都可以很容易完成，但我们会给自己找很多理由，没有时间，或者走不开，等等。这背后的核心原因就是觉得做自己等于罪过。当你肆意去绽放的时候，会觉得好像对不起谁，亏欠了谁。这也是我们不自在的原因。我们老觉得有一双眼睛盯着我们，告诉我们这样做不对，那样做对，你按照自己的感觉来做事就不对。这双眼睛一直在否定我们自发性想做的各种事情。

还有一种方法，大家可以试试：在每天临睡前，躺在床上的时候，感谢一下你自己的身体，感谢一下你自己的脚，今天陪你走过了这么多的路；感谢一下你的身体今天没有闹大毛病，顺利地完成了今天的工作、生活；感谢一下你的脑子，今天思考了这么多的事情，协助你解决了这么多问题。这个办法——我感谢我自己，听起来似乎可笑，但是如果你每天尝试去这么做，一个星期之后，你会发现身体有了变化，身体的能量在慢慢回来。

我有一个朋友常年手脚冰凉，吃了很多中药都不太管用。我就教他试试这个方法，每天晚上临睡前，把意识放在你的双脚，慢慢地一点一点往上移动，一个部位、一个部位地去感谢。一个星期之后，这种症状消失了，整个人似乎都顺畅了。听上去很玄，但这其实是一个自我感谢、自我对话的过程，是一个自我修复、自我疗愈、自我认可的过程。

无论是去做十件你一直想做没有做的事，还是每天临睡前感谢一下自己的身体，感谢一下自己的这一天，坚持一段时间，你会发现自己各个部分都会绽放，不仅是工作的能力、自我意识、个人的魅力、精神面貌，包括两性关系，都会有明显提升。我们说一个没有性魅力的人做什么都不会成功，因为没有性魅力就代表你没有活出真自我，没有真自我当然做什么都不会成功。

客观地说，活出真自我是一生的功课，不是一时一事就能成就的。

以上这些可以是引子，让大家找到一个切入点，但要真正活出自我、成为自己想成为的人，需要我们保持觉知、勇于面对、坚持成长。这样，你才能拥有独一无二的生命，绽放属于自己的精彩。